POUR UNE SOCIÉTÉ MEILLEURE

JOHN KENNETH GALBRAITH

POUR UNE SOCIÉTÉ MEILLEURE

Un programme pour l'humanité

TRADUIT DE L'AMÉRICAIN
PAR JEAN-MICHEL BÉHAR

ÉDITIONS DU SEUIL
*27, rue Jacob, Paris VIe*

COLLECTION DIRIGÉE PAR EDMOND BLANC

Titre original : *The Good Society : The Humane Agenda*
Éditeur original : Houghton Mifflin Company, Boston
ISBN original : 0-395-71328-5

ISBN 2-02-029139-8

A Sissela et Derek Bok

Remerciements

Mon premier mot de remerciement ira à l'Église évangélique allemande qui, au début de l'été 1993, rassembla plusieurs milliers de personnes à Munich et me demanda de venir parler devant cet auditoire de la bonne société. Ce fut, pour moi, le début d'un courant de réflexions et d'efforts que j'ai poursuivis durant les deux années qui suivirent. Ma détermination dans ce travail fut encore renforcée par les développements récents et les déviances du politique tels qu'ils se sont manifestés aux États-Unis et un peu partout ailleurs.

Le titre de *The Good Society** avait déjà été utilisé dans diverses publications avant celle-ci, et avec un impact non négligeable sur l'opinion publique par Walter Lippmann, dans son traité de 1937. Je n'ai cherché ici aucune forme d'imitation. Le terme exprime simplement et avec la plus grande des clartés mes intentions dans ce travail.

Comme toujours, je voudrais remercier mes collègues de l'université Harvard, avec lesquels j'ai pu discuter de bien des sujets évoqués ici, et mon fils, James Galbraith, professeur à l'université du Texas, qui m'a laissé l'accès à sa puissante base de données. Andrea Williams, mon amie et ma collaboratrice depuis trente-sept ans, m'a, comme auparavant, fait bénéficier de ses compétences éditoriales, de sa bonne humeur et de cette

* En français, nous avons choisi de retenir le titre *Pour une société meilleure*, tout en reprenant le terme de « bonne société » dans le corps du texte *(NdE)*.

obstination patiente élaborée au fil des décennies, grâce à laquelle ma prose ne suscite ni l'agressivité ni la compassion de mes critiques. Qu'Andrea reçoive ici l'expression de toute ma gratitude. Brooke Palmer, ma très efficace assistante administrative, a réussi, avec son tact et sa compétence habituels, à libérer suffisamment de mon temps pour que je puisse écrire ce livre, et, je crois aussi, pour que je puisse y penser sérieusement. J'aurais encore une attention particulière pour mon éditeur, Houghton Mifflin Company, avec lequel j'entretiens également une association amicale depuis près d'un demi-siècle. Rarement auteur et éditeur ont collaboré avec autant de sympathie et aussi longtemps.

Enfin, je remercie Catherine Atwater Galbraith, qui, comme si souvent, m'a apporté son soutien attentionné et plein d'indulgence pendant la réalisation de ce livre. J'ai déjà indiqué que ce travail avait pris naissance à Munich, lieu où elle a fait une partie importante de ses études. Depuis ce beau jour de l'automne 1937, elle n'a cessé de soutenir mes efforts avec patience, et de me témoigner encouragements, indulgence et affection. A Kitty, avec gratitude et amour.

John Kenneth Galbraith
Cambridge, Massachusetts
Novembre 1993.

1
Une société meilleure

De toutes les grandes nations de notre monde, aucune n'a été aussi portée sur l'introspection que les États-Unis. Pas un jour ne passe sans qu'une réflexion – venant de la presse écrite, de la radio ou de la télévision, d'un article ou d'un livre, dans un style convaincant et parfois convaincu – ne mette en cause ce qui ne va pas et ce qui devrait être amélioré. Certes, c'est aussi, bien qu'à un niveau moindre, ce qui arrive dans les autres pays industriels – Grande-Bretagne, Canada, France, Allemagne et partout ailleurs en Europe ou au Japon. Personne ne peut réellement critiquer cette pratique qui est quand même préférable et plus constructive que la simple hypothèse que tout est pour le mieux dans le meilleur des mondes.

Il y a pourtant une autre voie, beaucoup moins explorée, une approche plus spécifique pour analyser et définir ce qui devrait être bien. Ou encore, en d'autres termes, qu'est-ce que devrait être une société meilleure, une « bonne société » ? Vers quel but, aussi clairement exprimé que possible, devrait-elle tendre ? La fracture sociale entre les riches et les pauvres étant aujourd'hui un fait reconnu de tous, comment pourrait-on très concrètement la réduire ? Comment les politiques économiques peuvent-elles contribuer à la réalisation de cet objectif ? En ce qui concerne encore la fonction publique, comment pourrait-on la rendre plus équitable et efficace ? Comment protéger notre environnement présent et futur ? Que penser de la question de l'immigration et des immigrés ? Et du pouvoir militaire ? Quelle responsabilité et quel comportement une « bonne société » devrait-elle avoir vis-à-vis de ses partenaires commerciaux, de ses voisins mais aussi des pays les plus pauvres de la planète à un moment où l'internationalisation des échanges s'impose partout ? La responsabilité du bien-être social et économique est générale, universelle. Les êtres humains demeurent des êtres humains quel que soit le lieu où ils vivent. La sollicitude devant les souffrances qu'ils connaissent à travers la faim, la maladie, d'autres privations ne doit pas faiblir seulement parce que ceux qui en sont affligés habitent de l'autre côté de la frontière. C'est pourtant le cas et ce même si aucune vérité élémentaire n'est aussi foncièrement ignorée, voire, à l'occasion, aussi violemment attaquée.

Exposer ce qui serait bien est donc la vocation de ce livre. Il est clair que l'on rencontre évidemment ici un problème délicat, car il est nécessaire de faire une distinction fondamentale, de tirer un trait net, entre ce qui serait parfait et ce qui serait faisable. Cette tâche et ses conclusions peuvent ne pas être politiquement populaires et c'est même une certitude dans le cadre d'un univers où les riches sont dominants socialement et politiquement. Tenter de définir et de proposer ce que devrait être concrètement une bonne société peut apparaître comme un effort minimal par rapport à la mise en œuvre de ces principes. Mais ne vaut-il pas mieux faire même cet effort, même minime, que rien du tout ? Et puis, peut-être arriverons-nous au moins à perturber de façon utile le confort moral ambiant. De toute façon, nous n'avons pas le choix et, si nous voulons atteindre une meilleure société, nous devons d'abord chercher à définir clairement ce que devrait être une bonne société réalisable.

C'est l'aspect réalisable que nous chercherons à identifier et à décrire ici et non bien entendu la perfection. Décrire une société parfaite n'a pas été dans le passé un exercice sans intérêt ; à travers les siècles, bien des penseurs et non des moindres parmi les plus grands philosophes se sont attachés à cette question. Mais ce fut aussi malheureusement le chemin de la démission. La réaction la plus prévisible est celle qui consiste à affirmer que vos buts sont « purement utopiques ». Le monde réel, le monde concret subit des contraintes qui lui sont dictées par la nature humaine, l'histoire et encore plus profondément par les schémas de la pensée. Il y a encore les limites imposées par les constitutions et les autres procédures législatives établies depuis des temps immémoriaux mais aussi les contrôles liés au système des partis politiques. Et il y a également la rigidité des structures institutionnelles de l'économie – les entreprises et les organismes qui gravitent autour, de taille plus ou moins grande – qui renforcent ces limites. Dans tous les pays industriels, il y a l'engagement de l'entreprise dans l'économie de consommation – les biens et services destinés au consommateur – comme source fondamentale de la satisfaction et du contentement de l'espèce humaine et comme moyen le plus immédiat de réalisation sociale. Il y a encore le besoin toujours plus pressant pour la production de dégager du revenu. Dans l'économie moderne, un fait légèrement étrange veut que désormais la production joue un rôle plus important par les emplois qu'elle peut générer que par les biens et services qu'elle peut offrir. Toute recherche sur la mise en évidence des critères d'une bonne société doit donc tenir compte des structures institutionnelles et des caractéristiques de la race humaine qui forment le cadre immuable et fixe de cette démarche. Cette approche fait toute la différence entre l'utopie et le réalisable, entre les rêveries agréables et l'ultime possible.

Définir le réalisable est certainement le problème le plus difficile d'un essai comme celui-ci. Il est aussi celui qui est le plus sujet à controverse. Lancer un appel en faveur d'actions politiquement ou socialement impossibles est la première (et souvent la seule) ligne de défense pour combattre des changements indésirables.

Ce livre désignera la bonne société sous sa seule acception de réalisable. Il prend en compte le fait que certaines barrières à ce réalisable sont si hautes, si incontournables qu'il faut dès lors les accepter comme un postulat. Mais il y a aussi des objectifs qui ne doivent pas être compromis. Dans une bonne société, tous les citoyens doivent bénéficier de la liberté, d'un bien-être de base, de l'égalité raciale ou ethnique et avoir la possibilité de gagner leur vie en fonction de leurs efforts. Il n'existe rien de pire, et nous devons bien le reconnaître, pour assurer ces libertés fondamentales de l'individu que la totale absence d'argent. Et il en va de même lorsqu'il y en a trop peu. Dans les années sombres du communisme, il n'est pas si sûr que certains auraient, en toute connaissance de cause, échangé les restrictions à leur liberté en tant que citoyens de Berlin-Est avec celles que connaissaient les plus déshérités des citoyens du South Bronx à New York du fait de la pauvreté. Dans le même temps, il faut constater que rien n'inspire des efforts aussi utiles socialement que la poursuite de la récompense pécuniaire de ces efforts, et ce autant par ce qu'elle procure que par le plaisir de la pure possession. La définition de la bonne société doit aussi tenir compte de ce phénomène ; ces motivations jouant un rôle important d'autorégulation.

Mais de la même façon qu'il existe des forces de création, parfois profondément enracinées dans la nature humaine, qui doivent être acceptées, il existe aussi des contraintes qu'une bonne société ne peut pas, ne doit pas accepter. Des changements nécessaires socialement peuvent être ainsi constamment repoussés sous la pression d'intérêts partisans bien connus. Dans le cas actuel le plus important, l'aisance confortablement installée résiste à toute action publique en faveur de la pauvreté parce qu'elle se sent menacée soit par une hausse des impôts, soit par l'abandon des promesses de réduction de ces derniers. Ce sont des phénomènes de ce genre que la bonne société ne peut pas accepter. En effet, la contrainte décisive est ici apparemment une attitude politique qui soutient et renforce les conditions mêmes de la situation à corriger. C'est pourquoi il faut comprendre lorsque l'on dit que telle action peut être bonne mais politiquement irréaliste qu'il s'agit de la formule classique pour se protéger contre une réforme.

Il est dans la nature de toute position privilégiée de développer sa propre justification politique et même bien souvent les doctrines sociales et économiques qui servent le mieux ses intérêts. Personne n'aime admettre que son bien-être personnel puisse entrer en conflit avec celui du plus grand nombre. Mettre alors au point une idéologie plausible, ou du moins relativement acceptable, afin de défendre sa propre position est donc une démarche des plus naturelles. Il existera toujours une armée de brillants et talentueux « artisans » pour accomplir cette tâche. Et une telle idéologie ne cesse de se renforcer au fur et à mesure que ceux qu'elle favorise s'accroissent en nombre. Les pages qui suivent tiendront compte de ce phénomène sans pour autant succomber à cette tendance générale. Leur propos sera, en revanche, de le mettre en question à chaque fois que cela sera nécessaire en ce sens qu'il s'oppose, dans la plupart des cas, aux réformes les plus urgentes et les plus nécessaires pour le bien public.

2
Une nouvelle dialectique

Dans un livre que j'ai publié, il y a quelques années[1], je faisais observer que l'on avait pu assister à l'émergence dans les pays les plus riches du monde – et notamment aux États-Unis – d'une toute nouvelle dialectique politique. Il y avait eu l'employeur contre l'employé, le capitaliste (plus ou moins grand) contre la masse des travailleurs et, dans ce dernier cas, avec des variantes relatives aux propriétaires, à la paysannerie et, aux États-Unis, aux fermiers indépendants. Il y avait toujours eu la volonté de présenter ces antagonismes sous les termes les plus bénins : le système dans son ensemble servait les intérêts de tous ; le rôle prédominant de la démocratie constitutionnelle protégeait les libertés et assurait de façon raisonnable la cohabitation des différences ; tout était donc pour le mieux.

Il y avait pourtant un conflit implicite dans les honorables théories économique et politique. Il fondait le développement des politiques modernes tant aux États-Unis que dans les pays de l'Europe de l'Ouest ou au Japon. Il y avait, d'une part, ceux que l'on a appelés aux États-Unis les libéraux (ou les socialistes et sociaux-démocrates comme ils préfèrent se désigner partout ailleurs) et, d'autre part, ceux qui soutenaient et acceptaient la prépondérance du monde des affaires : les conservateurs. Dans la réalité, il y avait un grand nombre de variantes selon l'équilibre qui s'instituait entre ces deux courants. Les sujets les plus

1. *The Culture of Contentment*, Boston, Houghton Mifflin, 1992 (La Culture de l'autosatisfaction, *NdT*).

importants – la guerre ou la paix, l'engagement religieux, l'égalité des races – étaient dans cette approche totalement inopportuns. Aux États-Unis, une grande partie de la population rurale aida à adoucir le conflit. Mais cela n'empêcha jamais que le fond du problème demeurait la dichotomie fondamentale : capital contre travail. C'est ce thème qui fut la base de tous les discours et de toutes les actions politiques.

Aujourd'hui ce principe ne peut résister plus longtemps à l'analyse. Cette vieille dichotomie peut survivre dans l'inconscient collectif – marque de son histoire longue et passionnée. Car les économies et les politiques modernes connaissent un autre type de fracture très différente et qui est perceptible dans tous les pays industrialisés. Il y a désormais, d'un côté, les riches confortablement installés et ceux qui aspirent à ce statut et, de l'autre côté, les économiquement faibles ou les pauvres rejoints par le nombre toujours plus grand de ceux qui, en dehors de toute considération sociale ou sentimentale, cherchent à parler pour eux ou du moins en faveur d'un monde plus juste. C'est ce fait nouveau qui caractérise les théories politique et économique d'aujourd'hui.

Les riches ou ceux dont la situation est confortable sont aujourd'hui infiniment plus nombreux et plus diversifiés que la classe des capitalistes des premiers temps. Ils sont également beaucoup mieux organisés sur le plan politique. (Les grands capitalistes sont souvent légèrement réticents sur tous les sujets qui concernent leur rôle ou leurs intérêts publics.) Les moins favorisés sont les victimes de la pauvreté habitant dans les grandes villes, ceux qui composent le personnel des industries de service, ceux que l'on ne peut employer ou qui sont au chômage. C'est encore ceux qui souffrent de discrimination fondée sur la race, le sexe ou l'âge ou qui font partie de la cohorte des immigrants récents et souvent en position illégale. Tous ceux-là sont pour la plupart sans le moindre soutien politique à l'exception de celui qui leur est apporté par le nombre considérable des nantis qui se sentent concernés par leur détresse et qui tiennent à le faire savoir.

Voici donc en quelques mots la nouvelle dialectique qui s'est imposée aujourd'hui dans notre monde politique. C'est une lutte inégale ; les riches et les gens aisés ont l'influence et l'argent. Ils exercent pleinement leur droit de vote. Les pauvres et ceux qui s'attachent à leur sort ont pour eux le plus grand nombre mais malheureusement la plupart des pauvres n'ont pas le droit de vote. C'est la règle de la démocratie, mais d'une démocratie qui est avant tout celle des riches.

Le seul moyen de contact entre ces deux groupes est, comme tout le monde l'admet, le rôle des pouvoirs publics. Pour les pauvres, les pouvoirs publics peuvent être la base de leur bien-être, voire, pour certains, de leur survie. Pour les riches et les gens aisés, ils représentent une solution pour assumer des charges trop lourdes lorsqu'ils servent leurs intérêts particuliers comme c'est le cas des dépenses militaires, de la Sécurité sociale ou du renflouement d'institutions financières en déconfiture. C'est alors que les pouvoirs publics deviennent pour eux une nécessité et un bien social, ce qui n'est bien entendu pas le cas lorsque ces mêmes pouvoirs publics s'intéressent au sort des pauvres.

Au cours des élections qui eurent lieu à l'automne 1994 aux États-Unis pour le Congrès et les postes de gouverneurs, on enregistra une forte poussée de la droite. Le principal thème de la campagne fut justement celui du rôle des pouvoirs publics et de leurs coûts mais avec les exceptions notables que nous venons de relever. Cette victoire ne fut toutefois pas aussi significative en termes quantitatifs que l'on a bien voulu le dire. Moins de la moitié des électeurs se déplacèrent aux urnes ; les candidats en question gagnèrent avec un peu moins d'un quart des voix des inscrits. Bien que l'idée d'une « bonne société » ait commencé à germer bien avant les élections, les résultats de ces dernières ne font que confirmer la mission de ce livre pour définir de façon aussi claire que possible le but vers lequel doit tendre une telle société. Et ce non pas seulement pour les riches, mais pour tous.

Cette démarche peut sembler se développer en dehors des

limites de ce qui est réalisable, comme ce fut si souvent le cas autrefois. On peut être sûr que ceux qui définissent la politique en termes pseudo-concrets penseront ainsi et le diront même certainement. La tendance des temps est pourtant dans la direction contraire. Faire du roman ne déguise pas la réalité ; aux États-Unis, une partie influente des médias prend pour la vérité l'attitude politique actuelle.

Mais tout cela ne conduit qu'à ignorer une vérité plus profonde – et donc à méconnaître cette vérité qui est pourtant un des enseignements les plus précieux de l'histoire, vérité qui s'impose aujourd'hui et dont le rôle régulateur ne peut être nié par personne. C'est la fierté des libéraux et la conviction politique des conservateurs qu'ils façonnent l'ordre des priorités sociales, ordre qui est en fait dicté par les tendances fondamentales de l'histoire. Il faut donc tenir compte de ces dernières, et les libéraux, sociaux-démocrates et ceux que l'on nomme socialistes dans les pays avancés ont généralement eu pour vocation d'influer le politique en fonction de ces tendances. En conséquence, c'est à ces derniers que revient l'initiative des réformes les plus considérables. Certains, et en fait beaucoup, se sont dès lors attribué le bénéfice de ces réformes et ont dénoncé presque universellement la responsabilité et la carence des conservateurs. Mais en fait, c'est l'histoire qui généra ces bouleversements et personne d'autre. Un rapide examen des principales circonstances de cette évolution suffit à établir clairement ce point.

Jusqu'aux premières décennies du XXe siècle, les États-Unis étaient fondamentalement un pays rural. A la veille de la Grande Dépression, près de la moitié des emplois se trouvaient encore dans l'agriculture. Et il y en avait beaucoup plus dans les petites entreprises de village comme les magasins et autres activités de service. Dans ce contexte économique et social, la Sécurité sociale (une des réformes les plus conséquentes de tous les temps) ne représentait pas une nécessité aussi pressante. Il en était de même des retraites qui étaient surtout constituées par la vente d'une ferme ou d'une boutique et qui permettaient de faire face à une espérance de vie relativement faible. C'est l'allongement de la durée de vie et surtout le développement des centres industriels urbains (et donc de l'emploi) qui ont fait naître la Sécurité sociale. Et ce ne fut jamais les libéraux ou les socialistes.

C'est aussi le développement industriel et urbain qui amena à poser avec une acuité toute particulière le problème du chômage. Dans l'agriculture traditionnelle, ce problème n'existait pas ; il y avait toujours du travail à la ferme ou au magasin. (Au cours de la Grande Dépression, ce sera des millions de travailleurs des villes dont dépendront les emplois ruraux et l'existence même du tissu rural aux États-Unis.) Avec le développement de l'industrie et de l'urbanisation, le chômage deviendra le problème essentiel.

Le système d'assurance médicale moderne est également une résultante de l'histoire. Jusqu'à un passé récent, le savoir médical était limité au même titre que l'efficacité des médicaments. Le médecin du village n'avait pas grand-chose à vendre, la mort frappait des gens plus jeunes qu'aujourd'hui ; elle était inévitable et ne coûtait rien. C'est la fantastique expansion et amélioration des soins médicaux et chirurgicaux qui fit naître la nécessité et le souhait d'un système d'assurance santé. Et c'est dans ce phénomène qu'il faut voir la force motrice de la grande mutation des besoins de santé. La mort n'était plus désormais la seule thérapie automatique pour les pauvres ou les moins favorisés.

Les critères simples de la vie des temps jadis posaient peu de problèmes en termes de sécurité ou de confiance quant aux produits. L'acheteur était capable d'estimer facilement le prix des denrées de base, des vêtements ou d'un logement. Aucune information spécialisée n'était nécessaire à cette estimation. Jusqu'à une date récente, l'agriculture comme les premières industries n'avaient pas d'effets pervers trop graves sur l'environnement et il en allait de même de leurs actions commerciales sur leurs distributeurs ou leurs fournisseurs. Mais aujourd'hui, avec le développement et la sophistication de l'économie, le consommateur a besoin d'être protégé tout autant que l'environnement.

Mais il y a encore bien plus. Autrefois, les pauvres étaient aux États-Unis, bien que personne ne pût douter de la dégradation et de la misère de leur situation, presque complètement invisibles – les Noirs pauvres étaient cachés dans le fin fond des fermes et des plantations vivant d'une alimentation primitive, revêtus de haillons et habitant dans les granges ; ceux qui avaient reçu une éducation étaient en nombre infime, et ne parlons pas du respect des droits de l'homme. Bon nombre des Blancs pauvres se trouvaient dissimulés dans les collines et les vallées des Appalaches. La pauvreté n'est plus un problème lorsqu'elle est loin et invisible. Seuls les bouleversements économiques, sociaux et politiques qui s'imposèrent dans les villes furent à l'origine de la prise de conscience du public, car désormais les pauvres ne vivaient plus cachés dans leur coin mais ils étaient devenus les voisins des nantis et leur misère était encore plus criante par contraste.

La force de l'histoire s'est aussi étendue à la politique étrangère. Bien avant que les États-Unis ne deviennent la plus grande puissance du monde, le ministère des Affaires étrangères américain était une petite enclave d'hommes bien nés, vivant dans le cadre confortable d'une routine paisible et sans grande conséquence. Ce ne fut qu'avec l'émergence des États-Unis sur la scène internationale en tant qu'acteur de premier plan, d'une part, et, d'autre part, l'éclatement du monde colonial (posant ainsi en termes très vifs la question des pays pauvres) que la politique étrangère devint une préoccupation primordiale. Elle eut à faire face tant aux problèmes nés du besoin d'aides économiques qu'à ceux relevant des conflits et de la nécessité des interventions militaires destinées à rétablir l'ordre et la paix.

Et c'est ici que l'on commet une grave erreur. Car, dans l'esprit de presque tout le monde aux États-Unis, conservateurs ou libéraux, c'est aux libéraux que l'on doit l'expansion de la politique américaine hors des frontières. Les deux partis tiennent à faire croire que le moteur réel des événements fut une volonté politique. Et partant de ce discours découle le dogme conservateur fondamental qui veut que les politiques économiques et sociales peuvent revenir en arrière. Notons encore que ce dogme n'est pas propre aux États-Unis mais qu'il s'est développé de la même façon en France, au Canada et depuis de plus longues années encore en Grande-Bretagne où il apparaît d'ailleurs fortement enraciné dans les croyances des *tories*.

Mais l'histoire, qui est la seule véritable source de tous les changements, ne peut pas revenir en arrière de par la seule volonté des hommes politiques. La nouvelle majorité conservatrice qui est apparue au Congrès au début de l'année 1995 a exprimé sa ferme intention de démanteler l'essentiel du système de la protection sociale et des structures interventionnistes des pouvoirs publics. Cette majorité s'est même prononcée en faveur d'une limitation drastique du rôle du pouvoir exécutif en général. Ce fut la grande promesse, faite à grand renfort de médias. C'est dans ce contexte que l'on a vu arriver les premières réformes de tel ou tel point précis et concret. Comme il a été écrit, ces réformes étaient loin d'être populaires. Mais une fois de plus, nous avons pu assister à l'éternel conflit entre les grandes théories et leur mise en application. A l'exception de quelques sujets particulièrement dramatiques et largement débattus dans l'opinion, les systèmes de protection sociale et leurs principales dispositions législatives ont survécu. La force de l'Histoire a montré encore sa puissance.

Les actions politiques et publiques que nous allons proposer dans ces pages respectent l'existence des forces que nous venons de mentionner. Elles en tiendront même totalement compte pour souligner ce qui est urgent à réaliser et avec quelle démarche. Tenir compte des tendances de l'Histoire peut également se traduire par une meilleure adéquation de celles-ci au monde qui nous entoure en favorisant davantage l'idée d'un monde plus juste. Un monde qui devrait permettre aux plus vulnérables d'accéder à une plus grande qualité de vie. Cette démarche, et nous tenons à le répéter, est le thème même de ce livre. Deux questions fondamentales se posent. Dans le contexte plus large de l'Histoire, que devons-nous entendre par « bonne société ? » Et comment l'avenir peut-il être infléchi afin d'être plus sécurisant et plus heureux pour tous ?

3
L'âge du jugement pragmatique

Depuis très longtemps, on définit l'économie de façon purement idéologique. Il y a le libéralisme, le socialisme ou le capitalisme. L'économiste est un libéral, un socialiste ou il est pour la libre entreprise. Il est pour la nationalisation ou, comme plus récemment, pour la privatisation. Ce sont ces règles assez floues qui définissent le contexte dans lequel nous vivons.

Il n'y a pas eu jusqu'à aujourd'hui d'erreur plus grande ou plus controversée. Dans le système économique et politique moderne, l'identification idéologique représente l'échappatoire la plus facile à toutes les formes de réflexion dérangeante – la substitution des formules vagues et banales pour les décisions spécifiques répondant à des cas particuliers. Un examen des sujets d'actualité les plus élémentaires prouve amplement ce point de vue.

Le propos évident d'une économie bien gérée est de produire efficacement des biens et des services en assurant la répartition des revenus qui en découlent, de façon socialement optimale. Il ne peut être mis en doute que l'économie moderne de marché des pays avancés produit efficacement des biens et des services. Non seulement elle est capable d'offrir des produits alimentaires, des vêtements, des automobiles, des loisirs et encore bien d'autres choses en abondance mais elle va encore plus loin en créant les besoins qu'elle sera en mesure de satisfaire. La souveraineté du consommateur est un des dogmes favoris de l'économie orthodoxe. Que cette souveraineté ait été plus ou moins ébranlée par ceux qui avaient pour mission même de la servir, est un des points qui suscitent le plus de résistance. Il est pourtant difficile d'ignorer les efforts redoublés des campagnes modernes de publicité et de marketing. Mais on peut supposer que les économistes partisans de cette thèse de la souveraineté ne regardent jamais la télévision.

Il est donc naturel de penser que l'offre de biens et de services à destination du consommateur, opération des plus rentables s'il en est, ne peut en aucun cas tomber sous le contrôle de l'État. La révélation par la télévision et les autres moyens modernes de communication de l'abondance et de la diversité des produits que la société occidentale a été capable de réaliser est sans conteste un des facteurs qui ont déstabilisé les régimes socialistes d'Europe de l'Est et de l'ancienne Union soviétique. L'incapacité et la rigidité avec lesquelles ces pays répondaient à la demande de leurs citoyens pour des biens et des services d'une qualité et d'une quantité semblables, ont joué un rôle déterminant dans leur chute. Défendre le socialisme et ses nationalisations dans une économie de consommation confine à la déficience mentale et il en est de même des attaques contre les producteurs d'usines et de machines – le capital industriel – qui réalisent cette abondance en faveur du consommateur.

L'argument traditionnel du socialisme a toutefois un impact plus profond sur l'opinion publique. Il concerne la possession du pouvoir, et ce problème demeure fondamental aujourd'hui encore dans quelques recoins où la pensée socialiste poursuit sa carrière. La propriété privée du capital, des moyens de production, la masse des travailleurs employés dans ce processus et totalement inféodés, l'enrichissement personnel de certains pour tout résultat, l'imbrication intime des intérêts du capital et de l'État contribuaient à définir le véritable centre du pouvoir. Sur ce point, on ne peut avoir aucun doute. Marx et Engels, dans le *Manifeste du parti communiste*, écrivaient sans beaucoup d'exagération : « Le pouvoir exécutif de l'État moderne n'est rien d'autre qu'un comité de gestion des affaires communes de la bourgeoisie. »

Et il n'est pas possible de douter que le pouvoir réside encore dans la possession privée du capital. Mais dans les gigantesques entreprises d'aujourd'hui, la possession du capital et le pouvoir ne sont plus, à de rares exceptions, dans les mêmes mains. Les grands entrepreneurs capitalistes qui possédaient le capital et qui géraient eux-mêmes leurs affaires – Vanderbilt, Rockefeller, Morgan, Harriman aux États-Unis et leurs homologues dans les autres pays – ont disparu à tout jamais. A leurs places sont apparues, d'une part, la bureaucratie massive (et défendant bien souvent l'immobilisme le plus parfait) des grandes entreprises et, d'autre part, la masse des actionnaires certes intéressés financièrement mais sans le moindre pouvoir fonctionnel. Le pouvoir du monopole – exploitation du consommateur par les prix sans les limites imposées par la concurrence et qui fut autrefois aux États-Unis l'objet des lois anti-trust – a cédé devant la compétition internationale et l'explosion des bouleversements technologiques. La prédominance et l'influence économique d'aujourd'hui sont l'obsolescence de demain. A la place des peurs anciennes à propos du pouvoir des grandes entreprises est apparu un autre sujet de préoccupation sur les stases et l'incompétence de ces mêmes grandes entreprises. Les efforts que les principaux dirigeants de ces entreprises consacraient à exploiter les travailleurs et les consommateurs se tournent désormais vers l'amélioration de leurs propres positions dans l'entreprise tant au niveau de leur revenu que de leur promotion interne. La maximisation du profit personnel, qui fut universellement une motivation appréciée de tous, peut s'étendre désormais à ceux qui sont en charge effective de la direction de l'entreprise.

Aucun de ces moyens propres à l'exercice du pouvoir politique – le développement des tendances en faveur d'un renforcement du rôle de l'État ou de son action vis-à-vis des citoyens au sens large – n'a disparu. Les entreprises, petites ou grandes, individuellement ou regroupées dans des syndicats patronaux, manifestent encore fortement et effectivement leur intérêt économique dans la politique contemporaine. Mais elles sont désormais une partie d'une communauté beaucoup plus vaste dotée d'un discours politique et d'une influence que la croissance économique a elle-même créés.

Autrefois, les capitalistes mis à part, il n'y avait que le prolétariat, la paysannerie et les propriétaires terriens. Les paysans, à l'exception des propriétaires terriens, étaient en état de subordination et sans pouvoir d'expression. Aujourd'hui, il y a des intellectuels (sans oublier les étudiants), des journalistes, des producteurs de télévision, des professionnels du droit et de la médecine et encore beaucoup d'autres. Tous réclament leur part d'influence. La voix des entreprises n'est plus qu'une parmi beaucoup d'autres. Ceux qui voudraient l'isoler afin de mettre en évidence les bénéfices de la propriété collectiviste sont perdus dans les brumes les plus profondes de l'Histoire. Et l'expérience des pays qui ont institué la propriété collectiviste au cours des quatre-vingts dernières années – tels l'Union soviétique, ceux d'Europe de l'Est ou la Chine – ne suggère guère une amélioration des libertés du citoyen. Tout au contraire. C'est en conséquence pourquoi le principal thème en faveur du socialisme s'est dissout de lui-même. Ce point n'est plus contestable. Certes, des partis socialistes existent encore mais aucun n'oserait se faire l'avocat du collectivisme en son sens traditionnel. La clause 4 des statuts du Parti travailliste britannique, qui affirmait son attachement à ce principe et qui a été pendant longtemps considérée comme une survivance romantique du passé, a été désormais purement et simplement effacée.

Si le socialisme ne peut plus être considéré comme le cadre de réflexion d'une bonne société (ou du moins d'une société supportable), il en va de même du capitalisme sous sa forme classique. Un fait est indéniable. Plus l'économie moderne s'est développée et plus elle a contribué à développer les responsabilités de l'État. Il y a d'abord l'ensemble des services que l'économie privée, de par sa nature, ne peut fournir et qui, avec l'avancée économique, crée un écart croissant et toujours plus embarrassant entre les critères du privé et du public. Des programmes de télévision coûteux sont diffusés à des enfants d'écoles insalubres. Des immeubles luxueux, situés dans les meilleurs quartiers, sont élégants et propres alors que les rues et les trottoirs qui les longent sont répugnants de crasse. Des livres pratiquement partout disponibles dans les librairies sont absents des bibliothèques publiques. Nous reviendrons sur ces points dans le cours de cet ouvrage.

Il y a aussi la grande diversité des activités ressortissant aux pouvoirs publics et dont l'existence est absolument indispensable au fonctionnement de l'économie privée. La croissance des échanges commerciaux entraîne celle des autoroutes. La croissance des moyens de consommation entraîne celle des déchets. La croissance des transports aériens entraîne celle des aéroports et le besoin de plus en plus d'hommes et de femmes et d'équipements spécifiques afin d'assurer la sécurité des vols.

Plus le niveau de l'activité économique se développe et plus il est important de développer les moyens de protection du citoyen et de l'entreprise. Avant l'autoroute et l'automobile, il n'y avait pas besoin de police de la route. La diversité de plus en plus grande des produits alimentaires entraîne une prise de conscience de plus en plus importante quant à la valeur nutritionnelle des aliments – liés par exemple aux problèmes de poids. Cette démarche a conduit à une spécification plus rigoureuse de leurs ingrédients, à la réglementation des additifs et au contrôle sanitaire. Avec des critères de vie de plus en plus élevés, l'homme cherche une protection renforcée de sa santé et de sa sécurité, là où autrefois il acceptait de façon fataliste les hasards malheureux de l'existence. Avec le développement économique, l'action sociale et la réglementation sont devenues de plus en plus importantes et ce même si le socialisme au sens traditionnel du terme a démontré son inefficacité.

Mais il y a encore un phénomène plus profond. L'économie moderne ne peut pas, sans l'intervention des pouvoirs publics, assurer son niveau de performance optimal. Il peut se produire des effets spéculatifs intenses et dommageables pour tous. Il y a aussi les désastres des crises et des récessions à répétition.

Les moyens appropriés de combattre ces effets pervers font l'objet de discussions sans fin entre les spécialistes, mais il ne fait de doute pour personne qu'ils relèvent de la responsabilité de l'État. Tout président ou Premier ministre sait qu'il sera tenu pour comptable, et souvent de façon désastreuse au moment des élections, des performances de l'économie de son pays.

Alors que le socialisme s'affaiblissait et disparaissait même en tant qu'idéologie acceptable ou réalisable, une autre doctrine, bien que plus limitée, faisait son apparition. Cette doctrine est celle de la privatisation. Celle du retour généralisé des entreprises publiques et des grandes fonctions de l'administration au secteur privé et à l'économie de marché. Mais sous l'aspect d'une panacée, la privatisation s'aligne naturellement sur l'inefficacité du socialisme. Il y a certes une grande partie de l'activité économique où le marché ne doit pas et ne peut être remis en question. Mais il y a également un éventail de plus en plus large d'activités de bien-être qui ne peut se développer que grâce aux pouvoirs publics. Ces derniers se montrent alors non seulement nécessaires mais également supérieurs au secteur privé. La privatisation n'est donc pas supérieure dans ce contexte comme modèle de conduite pour réformer la société que ne l'a été le socialisme. Dans les deux cas, le principal propos de ces deux doctrines est de fournir une échappatoire pour ne pas réfléchir. Dans la bonne société, il y a dans ces matières une règle dominante : la décision doit être prise sur les mérites sociaux et économiques d'une situation particulière. Ce n'est plus l'âge de la doctrine ; ce doit être l'âge du jugement pragmatique.

Il y a bien entendu les tendances lourdes du système économique et social moderne en faveur du soutien et du recours à l'action des pouvoirs publics. L'économie de marché d'aujourd'hui, qui est si brillante pour fournir avec efficacité des biens et des services de grande consommation, poursuit cet objectif en visant essentiellement une rentabilité à relativement court terme. C'est là le moyen de mesurer son succès. Elle n'a donc pas pour vocation, à de rares exceptions, de rechercher des avantages dans le long terme. Elle n'a pas plus la vocation d'investir pour éviter les effets sociaux pervers causés par ses unités de production ou ses produits. Ce qui peut s'exprimer encore en d'autres termes par le fait qu'elle ne se sent nullement responsable des dommages qu'elle peut provoquer sur l'environnement. Nous reviendrons sur ces questions un peu plus loin.

D'autres exemples d'investissements publics réalisés en dehors des critères du court terme du secteur privé peuvent être facilement trouvés un peu partout. L'avion à réaction est, dans une large mesure, le résultat de la recherche et du développement militaires. La plus grande partie des découvertes médicales proviennent d'institutions sur fonds publics, car elles n'auraient jamais pu voir le jour dans le carcan des temps et des coûts des entreprises privées. Les gains de productivité les plus spectaculaires des temps modernes sont certainement ceux qui se produisirent dans l'agriculture. Cette réussite fut essentiellement celle des pouvoirs publics. Aux États-Unis, ce furent les travaux des instituts agronomiques, des fermes pilotes au niveau fédéral ou à celui des États et des services publics agricoles.

Depuis la Seconde Guerre mondiale, le progrès économique au Japon a toujours fait l'objet d'une assistance efficace des pouvoirs publics au niveau tant de la recherche que des investissements. Et cette pratique y a toujours été considérée comme parfaitement naturelle. Et l'on peut dire que, dans tous les pays, le système économique ne dépend et ne se développe que par les financements de l'État consacrés aux autoroutes, aux aéroports, aux services postaux et aux infrastructures urbaines de toute sorte.

Tout ceci nous conduit alors à tirer une leçon. Dans la bonne société, la société intelligemment organisée, le politique et l'action qui en découle ne sont pas subordonnés à l'idéologie ou à la doctrine. L'action publique doit être fondée sur les faits qui régissent des situations particulières. Il y a parfois une satisfaction profonde à exprimer une foi politique ou économique – comme « Je suis un ardent partisan de la libre entreprise » ou « Je soutiens fermement le rôle interventionniste de l'État » – mais cette démarche, répétons-le encore une fois, ne constitue qu'une échappatoire rhétorique à toute réflexion fondamentale.

Le sujet traité est ici capital, comme cela a été débattu. La majorité républicaine qui s'est installée au Congrès américain après les élections de 1994 s'est formellement engagée dans une voie d'une exceptionnelle rigueur doctrinaire. Cette doctrine, qui a pris pour titre le « Contrat avec l'Amérique », est un équivalent contemporain, si ce n'est dans son contenu, du *Manifeste* communiste. En premier lieu, on trouve dans ce nouveau « Manifeste » un engagement idéologique très fort qui vise essentiellement une attaque en règle de l'État, à l'exception de quelques fonctions favorisées – la défense, la Sécurité sociale, le renforcement des moyens financiers des institutions répressives, les subventions aux entreprises. Puis on trouve une série de considérations sur des points spécifiques – comme plus particulièrement la nécessité et même l'urgence de supprimer ou de réduire des dépenses ayant trait à tel ou tel service public. Dès lors, une fois ces principes posés, la débâcle de la doctrine commence, laissant la place à l'intervention du jugement pragmatique. Cette démarche doit se poursuivre. C'est par de tels moyens que la décence et l'entraide sociale, et peut-être la démocratie elle-même, seront préservées.

4
Les fondements de la société

Si l'on se contente de termes suffisamment généraux, il est relativement facile d'exposer ce que doit être l'essence d'une bonne société. Elle doit permettre à tous ses membres, sans distinction de race ou de sexe, d'avoir accès à une vie épanouissante. En tenant compte, bien entendu, des différences provenant des aspirations ou des qualifications. Les individus diffèrent dans leurs capacités mentales ou physiques, dans leurs engagements ou leurs objectifs, Toutes ces différences se traduisent au niveau de leurs réalisations et des récompenses économiques qui peuvent en résulter. Ceci doit être notre postulat.

Dans une bonne société, la réalisation d'un individu ne doit toutefois pas être limitée par des facteurs qui sont à corriger. Il doit y avoir une opportunité économique pour tous. Et nous insisterons tout particulièrement sur ce point dans notre prochain chapitre. Dans la phase préparatoire de la vie, le jeune doit recevoir les soins physiques, la discipline et la formation qui lui permettront de saisir et d'exploiter ces opportunités. Personne, sauf circonstances de force majeure, ne devrait se voir contester ces droits. Et si les parents ou la famille ne peuvent remplir leur rôle, c'est à la société de veiller à apporter efficacement les soins et les aides dont le jeune a besoin.

Le rôle de l'économie dans une bonne société est tout à fait fondamental. Le déterminisme économique est une force implacable. Le système économique doit fonctionner efficacement et pour le bien de tous. Ce n'est qu'ainsi que les opportunités rencontreront les aspirations, grandes ou petites.

Il est particulièrement important qu'une bonne société connaisse une croissance économique substantielle et solide – une augmentation remarquable et sérieuse d'une année sur l'autre de la production et de l'emploi. Ce phénomène reflète le besoin et le souhait de tous ceux qui cherchent à bénéficier d'un bien-être économique toujours plus grand. Dans le discours populaire, comme dans celui des économistes, une amélioration des critères de vie a toujours été considérée comme une bonne chose. Mais il faut encore remarquer que l'accroissement des performances économiques joue un rôle primordial sur le plan social en permettant le développement des opportunités d'emplois et d'augmentation des revenus. C'est pourquoi seule une économie en croissance peut offrir plus d'emplois et de production. Une économie en stagnation ne peut pas être considérée comme une condition acceptable, ni discutable, d'une société meilleure. Elle représente certes la préférence tranquille de la plupart des gens aisés qui préfèrent cette stagnation aux risques de l'inflation ou à une action trop interventionniste des pouvoirs publics qui pourrait assurer ou accompagner une croissance économique constante.

Tant qu'il y aura des opportunités, il y aura aussi la paix sociale. La stagnation économique et les privations de toute sorte n'amènent que conflits et conséquences sociales désastreuses. Ceux qui sont frappés par le chômage, l'exclusion économique, et qui se retrouvent sans espoir n'ont souvent pas d'autres issues pour s'échapper de la dure réalité que la drogue ou la violence. La manifestation concrète de ces désordres se traduit par le crime et la révolte en face desquels tous les efforts de répression apparaissent comme bien inutiles. Personne ne peut nier la relation de ces crimes à l'exclusion. Les quartiers aisés des villes et de leurs banlieues sont relativement paisibles aux États-Unis, comme c'est aussi le cas dans les autres pays industrialisés. Ce n'est que dans les rues miséreuses que l'on ressent partout la réalité de la menace du crime et de la violence. Cette situation est reconnue de tous ; la seule différence de point de vue vient de ceux – et ils sont nombreux – qui blâment les désordres en prenant pour cause la race ou des traditions ethniques mais jamais la pauvreté. Après les émeutes de Californie au printemps 1992, les citoyens de South Central Los Angeles furent tenus, au sens anthropologique du terme, pour responsables d'un comportement antisocial. Mais personne n'évoqua éventuellement le comportement antisocial des citoyens aisés de Beverley Hills ou de Malibu.

Cette attitude se vérifie également dans le cadre plus large de la scène mondiale. Ce sont les pauvres en Afrique, en Asie ou en Amérique centrale qui se massacrent les uns les autres. Les habitants des régions prospères continuent à vivre paisiblement chez eux ou à l'étranger. C'est la détresse économique qui, dans les années 20 et 30, a favorisé l'arrivée au pouvoir du fascisme et la catastrophe finale en Italie et en Allemagne. Plus près de nous, depuis la chute du communisme, l'insécurité et les difficultés du système économique des pays de l'ancienne Union soviétique se sont traduites par des conflits politiques et des désordres sociaux.

La leçon à tirer de tous ces événements pour la politique américaine en particulier et pour le politique en général est claire. Le crime et les désordres sociaux qui se sont développés dans nos grandes villes sont les produits de la pauvreté et d'une structure de classes perverse, questions sur lesquelles nous reviendrons plus loin. Cette structure perverse ignore ou méprise les pauvres. La seule solution invoquée à l'heure actuelle se situe au niveau d'actions policières, dont le résultat se voit dans des prisons surpeuplées devenues les asiles du crime, et des mesures aussi coûteuses qu'inutiles contre le trafic de la drogue. Mais dans le long terme, et de tout temps, la solution humaine, et sans doute la moins onéreuse, reste celle de mettre un terme à la pauvreté qui est à la source de tous les désordres sociaux.

Une économie forte et stable, d'une part, et, d'autre part, les opportunités qu'elle est en mesure d'offrir sont ainsi les fondements essentiels de la bonne société. Mais il y a encore un autre principe de base. Même dans les circonstances les plus idéales, il y aura toujours des hommes et des femmes qui ne pourront pas ou ne voudront pas participer à la vie de la société. Dans une société meilleure, personne ne devrait se retrouver sans revenu – c'est-à-dire être conduit à mourir de faim, à vivre sans logement ou sans accès à la protection de sa santé ou à subir d'autres privations de cette sorte. Une économie bien gérée, une économie d'abondance ne devrait jamais permettre ces choses.

Quant à ceux qui se retrouvent en dehors du circuit économique de par leur âge, le but de la bonne société est depuis longtemps évident et il n'est plus en fait contesté par qui que ce soit. Un revenu convenable pour assurer la retraite des personnes âgées est une chose acceptée de tous dans tous les pays développés. Aucun homme politique américain n'élève la voix contre le bien-fondé du principe des retraites mises en place par la Sécurité sociale.

Mais il faut également prévoir une assistance pour les autres catégories sociales qui se trouvent privées de toute forme de revenu. La mère célibataire d'un jeune enfant est clairement dans une situation de ce type. (Le fait de conduire cette jeune femme et son enfant à mourir de faim n'a jamais été un moyen décent ni sérieux pour imposer l'abstinence ou le contrôle des naissances.) Et il en est de même des infirmes physiques ou mentaux. Et que faire dans le cas de ceux qui sont momentanément entre deux emplois et qui, pendant cette période, se retrouvent sans revenu ? Il est indispensable que tous ceux qui font partie de ces diverses catégories soient assistés par la collectivité et que ce principe soit accepté de tous. Et il est tout aussi important que cette assistance soit faite dans le respect de l'être humain – et non dans le style « être à la charge ». Ceux qui sont dans le besoin souffrent déjà assez sans qu'il soit nécessaire qu'ils supportent en plus les stigmates d'une société « charitable ».

Le problème le plus dérangeant concerne ceux qui, sans raison d'âge ni d'état physique ou mental, ni par manque d'opportunité, choisissent de ne pas travailler. Il y aura toujours un certain nombre de personnes dans cette disposition d'esprit. Elles se placent en conflit ouvert avec la norme sociale la plus communément admise et la plus fréquemment exaltée, à savoir l'éthique du travail. Rien n'est plus célébré que cette éthique du travail. Aucune caractéristique de la classe moyenne n'est aussi forte que son attachement à l'éthique du travail. Elle se définit elle-même comme la classe laborieuse, celle de ceux qui travaillent dur. C'est pourquoi les classes moyennes sont en général très hostiles à toute idée d'assister la paresse des classes inférieures.

Éviter une peine harassante n'est pas en fait quelque chose de condamnable en soi. Dans le cadre de la structure des revenus d'une société, les loisirs ne sont pas vus comme une chose socialement inacceptable lorsqu'il s'agit des nantis. Tout au contraire même, car, en ce qui concerne les riches et les gens aisés, les loisirs sont une réalité largement approuvée de tous. Ils peuvent même représenter une certaine forme de vertu sociale ou individuelle. Thorstein Veblen, dans son ouvrage difficile *The Theory of the Leisure Class*[1], expose que la paresse peut être l'objet d'une certaine considération comme étant d'une certaine façon la marque sociale prestigieuse de la richesse. Cette conception perdure aujourd'hui encore. Les intellectuels, y compris les universitaires, sont connus pour leur besoin à répétition et parfois assez long de périodes de repos afin de se dégager de la pression des travaux qui relèvent du domaine cérébral. Nous devons donc nous montrer tolérants face à la préférence pour les loisirs telle qu'elle se manifeste à tous les niveaux de notre système économique.

Personne ne devrait être conduit, dans la bonne société, à souffrir de la faim ou d'un manque de logement. La première condition pour atteindre cet objectif est qu'il existe suffisamment d'opportunités d'emplois et de revenus. L'inactivité forcée devrait à tout prix être bannie. La réalisation de cette condition dépend donc pour une grande partie des performances

1. *Théorie de la classe de loisir,* Paris, Gallimard, 1970 *(NdT).*

globales du système économique. Le recours à l'intervention des pouvoirs publics, parce qu'il n'y a pas d'emplois disponibles, ne devrait plus devenir nécessaire. Mais à partir du moment où une structure adéquate permet un emploi pour tous, encore faut-il veiller à ce qu'elle assure également un revenu satisfaisant et régulier pour tous. Mais que certains choisissent de ne pas travailler doit être également une chose acceptée dans une bonne société. La compensation sociale de la paresse est sans aucun doute un affront à l'attitude confortable traditionnelle. La pression des instances publiques peut, et doit même, s'exercer afin de pousser vers le travail ceux qui en ont les capacités. Une telle démarche sera d'ailleurs certainement du goût de certains. Mais la faim ne saurait être considérée à aucun moment comme une sanction tolérable. Des abus ne manqueront pas de se manifester comme un défaut inévitable de tout système d'assistance sociale mais il faut savoir les tolérer.

Une bonne société n'a pas à rechercher une quelconque égalité économique de tous ses membres. Non seulement cette vision est irréalisable mais elle serait encore un objectif social indésirable. Il y a des êtres humains pour lesquels le revenu et la richesse, leur manifestation sociale ou au contraire leur jouissance privée, représentent le but ultime et une satisfaction suprême. Il y en a d'autres pour lesquels ce n'est pas le cas. La logique de Wall Street veut que l'on mesure la qualité de la vie au montant des revenus ; celle du poète, confirmé ou aspirant, se situe évidemment bien au-delà. Il est de l'essence de la liberté que ces différences, tant au plan des motivations que des gratifications qu'une société peut vous apporter, soient acceptées de tous.

Mais, par ailleurs, il existe aussi des sources de revenus qu'une bonne société ne saurait tolérer. C'est une caractéristique profonde du système économique moderne de donner naissance à un grand nombre d'opportunités pour faire de l'argent de façon désastreuse soit sur le plan social, soit sur le plan économique.

Tant célébrés par le passé, on trouve les revenus générés par l'exploitation monopolistique. Plus récemment, ce sont les revenus découlant des opérations financières, que l'on peut assimiler à du vol pur et simple, sur les *savings-and-loans*[1] dans l'industrie. Et il y a encore les transactions réalisées grâce à des informations privilégiées, ou les opérations de cessions-acquisitions et autres OPA, qui laissent une entreprise exsangue, croulant sous le poids d'un endettement énorme, et se traduisent à plus ou moins court terme par des licenciements massifs et un accroissement des coûts. Et il ne faudrait pas oublier, comme nous l'avons déjà évoqué, les rémunérations que les dirigeants des grandes entreprises s'attribuent, confortés par la sécurité de leur position et leur pouvoir sur les conseils d'administration, en succombant ainsi à la plus ancienne des motivations du monde économique. Il y a enfin les revenus qui proviennent des trafics illicites de produits qui peuvent mettre en danger ou tromper le consommateur, mais aussi nuire à la santé du public ou à l'environnement.

La bonne société doit être capable de distinguer entre l'enrichissement qui est socialement permissible ou du moins bénin et celui qui représente un coût social prohibitif. L'énergie et les initiatives déployées par celui qui vise l'objectif le plus banal, à savoir son propre enrichissement, peuvent en fait être très utiles à l'économie dans son ensemble. Mais elles peuvent être également à la source de méthodes nuisibles socialement. La bonne société doit dès lors assumer la tâche difficile, et extrêmement controversée, d'établir avec efficacité la distinction entre ces deux voies d'enrichissement. Poursuivre un résultat positif grâce à une déduction compétente sur l'évolution d'un marché est bénin. Utiliser des informations privilégiées ou répandre de

1. Institutions financières américaines spécialisées dans la gestion des placements de petits épargnants. Elles se rapprochent du concept de caisse d'épargne. L'auteur évoque ici une série d'opérations frauduleuses réalisées avec les fonds de ces « caisses d'épargne » dans les milieux industriels vers la fin des années 80 *(NdT)*.

fausses informations ne l'est pas. Les expériences du passé concernant les opérations financières sur des prises de contrôle de sociétés et pour l'essentiel à travers la procédure des *junk bonds*[1] se sont soldées par des résultats catastrophiques et elles se sont révélées des plus dramatiques pour bon nombre d'investisseurs alléchés par des profits illusoires. Il n'y a pas, comme je l'ai déjà fait remarquer, de règle universelle dans ces questions – on ne peut tirer aucune conclusion effective des grands principes de l'économie de marché, du capitalisme, du libéralisme ou du socialisme. Ici encore, seule une démarche pragmatique intelligente peut apporter une solution. Jamais l'endoctrinement n'en a été une.

Il y a aussi, en ce qui concerne le revenu, la question de ce que nous pourrions appeler le besoin d'assistance sociale. Dans la bonne société, l'État doit jouer un rôle important et ce tout particulièrement au nom des plus défavorisés de la communauté. Ce besoin doit correspondre aux capacités financières de la société. Les notions de justice élémentaire et d'utilité sociale sont ici en jeu. Une perte de revenu marginale est moins pénible pour le riche que pour celui qui est dans une situation difficile. Ce principe contribue également à un meilleur fonctionnement de l'économie. Les pauvres et ceux qui perçoivent des revenus moyens dépensent complètement ce qu'ils gagnent, à la différence du riche. C'est ainsi qu'une taxation progressive a une influence stabilisatrice en assurant que ce qui est gagné comme revenu retourne au marché sous la forme d'une demande pour les biens produits. On a suggéré que les tentatives pour mainte-

1. *Junk bonds* : les titres pourris. La méthode consistait à prendre le contrôle d'une société en émettant des titres garantis par les actifs de la société que l'on n'avait pas encore… Certains ont pu ainsi se lancer dans l'acquisition d'entreprises importantes sans débourser le premier *cent* de leur poche. Cf. du même auteur, *Brève Histoire de l'euphorie financière*, Paris, Seuil, 1992 *(NdT)*.

nir les revenus après impôts représentaient une forte incitation pour les riches à développer un effort économiquement productif. Mais l'on doit, toutefois, veiller à conserver cette procédure dans des limites raisonnables.

Si l'économie doit accorder à chacun une chance tant de participer que de progresser dans la société en fonction de ses capacités et de ses ambitions, deux autres conditions importantes doivent encore être remplies. Il doit y avoir une stabilité raisonnable dans les performances du système économique, d'une part, et, d'autre part, ce dernier ne peut invoquer de façon systématique l'impossibilité de créer ou de maintenir des emplois sous prétexte de récession ou de crise. Et de même, il ne doit pas frustrer de leurs efforts ceux qui ont planifié à temps et avec intelligence leur retraite, leur couverture santé ou la réponse à des situations inattendues. La menace dans ce cas est bien sûr l'inflation – la diminution du pouvoir d'achat de la monnaie – et avec elle la ruine de l'épargne faite pour l'avenir.

La sécurité de l'avenir est construite en général sur l'hypothèse de la stabilité ou d'une relative stabilité des prix. Il y a ceux qui bénéficient de l'indexation de leurs revenus, qui augmentent ainsi en fonction de l'augmentation des prix ; mais beaucoup n'ont pas cet avantage. La bonne société doit en conséquence être en mesure de faire face aux espoirs placés dans une stabilité raisonnable des prix. Il est évident que ce principe ne peut pas, dans une économie bien gérée, être automatique. Il y aura toujours des produits ou des secteurs où une inflation est inévitable. Mais cette inflation doit être contenue dans des limites rigoureuses et prévisibles. La bonne société ne peut pas accepter ce que John Maynard Keynes appelait l'euthanasie de la classe des rentiers.

Il faut enfin souligner que la bonne société se caractérise encore par une dimension internationale. Une nation doit vivre en paix et sur la base d'une association réciproquement rémunératrice avec ses partenaires commerciaux des autres pays de la planète. Elle doit être une force en faveur de la paix du monde. Elle doit pour ce faire coopérer avec les autres nations pour atteindre cet objectif. La guerre est la plus désastreuse des tragédies humaines et cela prend une dimension encore plus redoutable à l'âge des armes nucléaires. Il est encore indispensable de reconnaître et de porter assistance aux membres les plus démunis de la communauté internationale.

Voici, en quelques mots, les principales caractéristiques de la bonne société envisagée dans sa dimension sociale. L'emploi doit être une chance de promotion pour tous. La croissance économique doit être suffisante pour permettre cette politique de l'emploi. L'éducation et, autant que faire se peut, le soutien et la discipline de la famille doivent former les bases de tout le système social de participation et de récompense. Il doit y avoir la liberté de vivre en dehors de tout désordre social aussi bien à l'intérieur qu'à l'extérieur. La sécurité d'un revenu minimum pour tous ceux qui ne peuvent assurer leurs propres besoins. L'opportunité de se réaliser en fonction de ses capacités et de ses ambitions. Il faut mettre au ban de la société toutes les formes d'enrichissement financier qui ne peuvent se réaliser qu'au détriment de tous les autres. Éviter que l'inflation ne puisse frustrer de leurs droits ceux qui pendant longtemps ont mis en place leurs plans de retraite pour faire face à leurs vieux jours. Il faut une dimension fraternelle et coopérative au niveau international.

Ces thèmes sont plutôt évidents, et même d'une certaine banalité. Et, à quelques exceptions, certes très remarquables, ils sont acceptables de tous et ce plus particulièrement à notre époque de grands discours. Mais c'est au niveau du choix des actions à mettre en œuvre pour atteindre ces fins que l'on rencontre la controverse.

5

La bonne économie

Il n'y a pas réellement de difficultés sérieuses pour définir les principales particularités du système économique d'une bonne société. Comme nous l'avons déjà amplement démontré, ce système doit permettre des opportunités d'emplois pour tous ceux qui désirent en occuper un. Ce principe se traduit, du fait de l'augmentation de la population et des aspirations générales de celle-ci, par la nécessité d'une économie en croissance constante. Cette croissance devant permettre à son tour un accroissement constant et suffisant du nombre des personnels employés.

Mais le problème majeur qu'une bonne société doit affronter dans le cadre de ce schéma est la tendance douloureuse de l'économie moderne à passer par des périodes, souvent fort longues, de récession et de stagnation inévitablement accompagnées par une hausse du chômage. Ces épisodes récurrents, qui rendent impossible une croissance vigoureuse et constante, sont un des traits dominants de l'économie de marché. C'est ainsi que, dans les temps modernes, il y a une tendance à un accroissement continu du chômage et ce même dans les moments de croissance ou d'amélioration de l'économie de marché.

Peu de questions ont fait l'objet d'autant d'études et de recherches que celle des fluctuations économiques, que l'on a désigné autrefois sous le nom des « cycles économiques ». L'essence du phénomène n'est pourtant pas du tout mystérieuse. L'économie moderne réclame un flux constant de pouvoir d'achat – ou, en termes d'économistes, l'agrégat de la demande – qui soit suffisant pour utiliser les capacités de production disponibles, encourager l'expansion qui en découle et employer toute la main-d'œuvre. Si, autrefois, l'essentiel de cette main-d'œuvre était occupée par le monde industriel contre un salaire, la force de travail d'aujourd'hui se développe dans une grande diversité d'activités – services, professions artistiques, loisirs, technologie de pointe, éducation et bien d'autres encore. Que des difficultés surgissent dans l'adaptation des compétences et des besoins est évidemment une chose inévitable. C'est le plein emploi de la force de travail qui, de tout temps, a établi la limite supérieure de la capacité productive d'une économie. Le flux de la demande pour les biens et services doit contenir l'économie à, ou aussi près que possible de, cette borne maximale. Échouer dans ce processus – du fait des cycles ou d'un chômage permanent – est totalement à l'opposé des objectifs d'une bonne société.

On doit prendre en compte les tendances cycliques du système économique fondamental. Il existe bien des causes de dysfonctionnement. Mais la plus évidente et sans doute la plus conséquente vient des excès spéculatifs qui naissent dans les périodes de prospérité. Ces excès se traduisent pour finir par des réductions des investissements et des dépenses de consommation. Ces réductions entraînent à leur tour celle de l'agrégat de la demande avec ses conséquences inévitables sur l'emploi et la production qu'elle est censée soutenir. Les poussées spéculatives, sous une forme ou une autre – bourse, immobilier, la flambée des « acquisitions-fusions » des années 80 et leur effet récessionniste par l'accroissement des dettes qu'elle a provoqué, et toutes les autres, des tulipes de Hollande au XVIIe siècle à la grande bulle de la Compagnie des mers du Sud au XVIIIe [1] –, sont, répétons-le encore une fois, un trait inaltérable du système. On les a connues aux États-Unis depuis les premiers jours de l'Union. Les récessions et les crises sont suivies inévi-

1. Voir sur ces sujets : *Brève Histoire de l'euphorie financière*, *op. cit.*, p. 31 *sq.* et 45 *sq.* *(NdT)*.

tablement par le chômage. Une meilleure compréhension, une réglementation appropriée, un bon sens plus répandu peuvent sans doute aider à la régulation du « boom ». Mais, sur le plan concret, on doit par tous les moyens essayer d'adoucir la détresse et le désespoir qui sont susceptibles de naître avec l'instabilité cyclique et fondamentale de la vie économique, et plus particulièrement quant à ses conséquences au niveau de l'emploi.

La stabilisation de la demande globale est donc le facteur primordial. On doit distinguer, dans la demande globale, trois composantes décisives : les dépenses de consommation, les dépenses des investissements privés et les dépenses découlant des opérations du budget de l'État – selon que les dépenses excèdent les ressources fiscales ou le contraire. A l'occasion, les fins évidentes des luttes économiques.

Si le flux du pouvoir d'achat – c'est-à-dire la demande globale – se révèle insuffisant pour soutenir un niveau élevé d'activité et de croissance économiques, on pense en général que certaines mesures toujours prêtes et tout à fait bénignes devraient être efficaces pour restaurer la confiance des consommateurs et des entrepreneurs. Cette confiance rétablie conduira à son tour à une augmentation des dépenses d'investissements privés et des dépenses de consommation. Ces mesures si vantées sont essentiellement de l'ordre du discours. Les prêcheurs, publics ou privés, ne cessent de réclamer l'équilibre du budget fédéral et la réduction des interventions des pouvoirs publics. Elles n'ont guère prouvé par le passé leur efficacité. Et d'ailleurs, la plupart des économistes sont plus que dubitatifs devant ces panacées éculées à l'exception bien sûr de ceux qui s'en font les champions.

Avec le temps, les récessions et les crises – il n'y a pas de grande différence formelle entre les deux termes bien que certains économistes aient considéré comme nécessaire de faire cette distinction – ne peuvent que prendre fin. Les excès et les ruines inévitables causés par la spéculation, signe invariable des temps de prospérité, s'atténuent dans les mémoires et dans leurs effets. La consommation et l'investissement repartent. La période d'attente demeure, toutefois, particulièrement pénible et douloureuse et ce tout spécialement pour ceux qui se retrouvent dans les situations les plus vulnérables dans notre monde économique. La bonne société doit dès lors adopter une démarche spécifique pour neutraliser ces périodes de détresse et assurer une augmentation constante et sérieuse tant de la production que de l'emploi.

Il existe au moins trois méthodes efficaces d'actions correctrices qui devraient être capables d'apporter une solution en augmentant le flux de la demande globale au niveau de ce qui est nécessaire. Les impôts peuvent être diminués et permettre ainsi de dégager un accroissement des revenus des citoyens et donc des dépenses consacrées à la consommation privée. Si un des aspects positifs de cette démarche est évidemment la satisfaction de ceux qui bénéficient de ces réductions d'impôts, un autre élément favorable, que nous avons déjà souligné, résulte de l'incitation aux initiatives personnelles et entrepreneuriales et donc des investissements du simple fait de l'augmentation de la demande globale. Personne n'est plus sensible à ce type de réforme, à l'idée d'un accroissement de ses revenus, que le contribuable aisé.

En second lieu, les taux d'intérêt peuvent être réduits par l'intervention de la banque centrale afin d'encourager les emprunts professionnels ou personnels destinés aux investissements ou à la consommation. Ces dépenses s'ajoutent alors à la demande globale.

En dernier lieu, les pouvoirs publics peuvent contribuer directement au flux de la demande globale en réalisant de nouvelles dépenses non couvertes par les rentrées fiscales – il s'agit d'une politique délibérément acceptée de déficit budgétaire, voire d'accroissement de ce déficit. Par l'usage d'un de ces trois outils d'interventionnisme, ou par une combinaison des trois, la demande globale peut alors, du moins faut-il l'espérer, être stabilisée à un niveau tel que l'activité des entreprises et des pouvoirs publics devrait permettre d'atteindre le plein emploi pour toute la main-d'œuvre disponible.

Il y a malheureusement une grande différence dans l'efficacité de ces diverses mesures d'interventionnisme. Il y a aussi le problème de l'inflation. Et il y a aussi, comme nous l'avons déjà observé, la préférence socialement camouflée d'une grande partie de la société pour la stagnation et le chômage et l'opposition à toutes les mesures qui peuvent contribuer, ou assurer, la croissance économique et le plein emploi.

L'intervention sur les taux d'intérêt, que l'on a pris l'habitude d'appeler la politique monétaire, jouit d'un haut niveau de prestige parmi les spécialistes comme la mesure la plus efficace contre le chômage et la stagnation. C'est pourquoi nous traiterons en premier ce sujet. L'autorité réglementaire nécessaire provient, et doit être supposée provenir, d'une banque centrale. Dans le cas des États-Unis, c'est la Federal Reserve Bank. On considère que la grande vertu de la politique monétaire réside dans le fait d'être éloignée des pressions du processus démocratique. L'action revient à ceux qui sont les responsables des forces d'orientation et de contrôle. Leur force est d'être indépendants, de façon presque hygiénique, de tous les maux de la société telles les divergences politiques.

La politique monétaire revêt encore un caractère qui lui est propre, à savoir une sorte de magie dont on pare ceux qui consacrent leur vie aux questions financières – magie qui échappe d'ailleurs totalement à la compréhension du profane même le mieux informé. Je crois qu'il est nécessaire d'insister, à ce sujet, sur un travers mystérieux de notre société moderne. En effet, pour la plus grande partie du genre humain, la forme supérieure de l'intelligence, voire la marque d'une intelligence exceptionnelle, est celle qui est associée à ceux qui ont à gérer des montagnes d'argent. Et pourtant quelques minutes passées avec des hommes aussi éclairés vous prouvent rapidement la fausseté de ce mythe.

Mais la véritable difficulté de la politique monétaire, c'est qu'elle n'a pratiquement aucun effet, ou très peu, sur la demande globale. Comme nous l'avons déjà remarqué, la baisse des taux d'intérêt est censée être efficace contre les conditions de la dépression en encourageant les prêts à la consommation et les investissements privés ou professionnels. Ces derniers suivant la baisse des coûts des emprunts permettent une amélioration potentielle des profits. Mais lorsque les temps sont durs et que le chômage est élevé, la baisse des taux d'intérêt n'est pas sérieusement un élément de relance des dépenses de consommation. Et le phénomène est d'autant plus évident que, dans ces moments-là, c'est surtout les comportements dépressifs ou les anticipations désastreuses sur l'insécurité de l'emploi qui prédominent et dictent leur loi. Par ailleurs, il est évident que les entreprises, récentes ou anciennes, connaissent dans de tels moments des surcapacités de production. Il n'y a donc pas de raisons sérieuses pour qu'elles s'engagent dans des emprunts parce que les taux baissent pour accroître encore davantage ces capacités de production inemployées. L'avenir est trop incertain. Il y a aussi l'effet contraire de la baisse des taux sur ceux dont les revenus proviennent des intérêts – effet qui se traduit par une réduction de la contribution de ces rentiers à la demande globale. Mais, rassurons-nous, rien de tout cela ne décourage la foi en la politique monétaire comme instrument fondamental de l'interventionnisme économique. Une conviction quasi religieuse qui a triomphé de toutes les expériences qui la démentaient.

La réduction d'impôts est également célébrée comme un moyen des plus sérieux pour relancer la demande globale lors d'une récession. Avec la baisse des impôts sur le revenu ou sur la consommation, le particulier devrait avoir plus de moyens pour accroître la demande globale. Et de même, l'énergie des entrepreneurs et leurs investissements devraient connaître une embellie grâce à l'attrait d'une croissance de leurs revenus après impôts.

Mais ici encore, les espoirs de belles théories ne recoupent guère les constats de la réalité. Car il n'y a aucune certitude pour que le surplus des revenus provenant de la réduction des impôts soit automatiquement investi ou dépensé. Dans les temps difficiles, les particuliers ou les entreprises, cédant aux anticipations négatives, peuvent très bien décider de conserver cet accroissement de revenu en cas de besoin. Il existe encore un autre aspect responsable de cette théorie qui veut que les réductions d'impôts aient une influence positive sur une économie en proie à la stagnation et au chômage. Il s'agit du comportement de ceux qui sont appelés à bénéficier de ces réductions. On sait que l'on a l'habitude de dire que l'avantage personnel permet le bien de tous. L'effet contraire à celui recherché en ce qui concerne les contribuables des tranches les plus élevées se vérifie, car l'impôt peut les contraindre à dépenser des fonds qui autrement resteraient « thésaurisés ». Les réductions d'impôts ne peuvent dès lors servir que ce que John Maynard Keynes avait appelé, dans une formule célèbre, la préférence pour la liquidité. Le désir de détenir de l'argent liquide ou son équivalent n'est en aucun cas un apport à la demande globale.

Il résulte de tout ceci que la seule façon de stimuler réellement la demande dans les périodes de croissance négative et de stagnation ne réside que dans l'intervention directe et déterminée de l'État afin de créer des emplois. Dans un monde idéal, cette démarche ne devrait pas être nécessaire. Dans la réalité d'un monde fait de crises à répétition et de stagnation, il n'y a pas d'alternative.

La spécificité des mesures correctives des pouvoirs publics contre les récessions et les crises est évidente. On peut réduire les taux d'intérêt, et ce quel que soit l'effet qui peut en découler. Mais la seule véritable action efficace des pouvoirs publics réside dans la création d'emplois pour ceux qui en seraient autrement immanquablement privés. Pour mettre en œuvre cette politique, ils doivent non seulement emprunter mais également accepter la réalité d'un accroissement du déficit budgétaire. Le déficit ne doit pas être considéré, et nous voulons insister ici avec force sur ce point, comme un obstacle à l'efficacité de l'action publique. Car, en stimulant l'activité économique, les pouvoirs publics augmentent les revenus et le produit fiscal. L'amélioration des infrastructures – routes, écoles, aéroports, logements – qui est le fait de ceux auxquels on vient d'offrir de nouveaux emplois contribue également à accroître la richesse et le revenu de la nation. Les emprunts publics peuvent également revêtir, à travers le temps, un aspect fiscalement positif.

Avec le retour de la croissance et la hausse des revenus, il faut alors veiller à respecter une discipline conduisant à mettre un terme aux dépenses interventionnistes. Les impôts doivent être maintenus aux niveaux antérieurs ou augmentés afin de contrer les excès de la spéculation et, à la limite, des pressions inflationnistes résultant de la hausse de la demande.

Mais il n'y a rien de facile dans la mise en œuvre d'une telle politique. Une partie influente de l'opinion publique s'inscrit en opposition à celle-ci comme étant hors du champ de l'intelligence collective du politique moderne. Et pourtant, une fois de plus les faits assènent la seule vérité : il n'existe aucune alternative. Même si l'on a pu considérer cet interventionnisme comme difficile à mettre en œuvre ou teinté d'une forte idéologie passéiste, il n'existe pas d'autres voies pour lutter contre les périodes de crises récurrentes, à base de stagnation et de chômage.

Au cours de l'hiver 1995, la nouvelle majorité républicaine élue au Congrès des États-Unis, avec le soutien de quelques démocrates, proposa de faire passer un amendement constitutionnel concernant les États et aux termes duquel, à l'exception des temps de guerre, chaque État devrait avoir un budget en équilibre. Cette proposition de loi pourrait sans doute remporter le premier prix de la plus rétrograde des lois des temps modernes si un tel prix avait été fondé (prix qu'il serait d'ailleurs bien difficile de remporter tant il y aurait de postulants). Elle aurait en effet contribué à augmenter les impôts et à réduire les dépenses publiques au moment où les flux des revenus des pouvoirs publics étaient déjà réduits du fait de la récession ou de la crise. Et, dans la même inspiration, elle aurait permis un accroissement des dépenses publiques et une réduction des impôts dans les périodes de prospérité, favorisant ainsi la surchauffe spéculative et inflationniste. On ne pourrait imaginer système plus intelligent pour renforcer la déstabilisation de l'économie.

Cette généreuse idéologie rétrograde fut quand même défaite. Bien que ce ne fût ici que le résultat d'une procédure, à savoir la minorité de blocage lors du passage au Congrès d'un amendement constitutionnel. Il est donc évident que les interventions nécessaires pour régulariser tant l'expansion que la récession sont encore loin d'être acceptées par tous. Des attitudes velléitaires cherchent encore non pas le chemin d'une économie de bonheur et de stabilité mais celui d'une économie de douleurs et d'instabilité.

Un dernier point mérite encore notre attention. La responsabilité de l'échec de l'économique, à savoir le chômage, est en général attribuée à la main-d'œuvre. Une réponse classique et automatique au problème du chômage réside dans une exhortation en faveur d'une meilleure formation. C'est la panacée politiquement correcte. Certes l'éducation et la formation sont des thèmes centraux de la bonne société, thèmes sur lesquels tout le monde est d'accord pour insister. Mais cela n'a rien à voir avec les retournements cycliques dont nous traitons ici. Lorsque la crise ou la récession surviennent, leurs effets sont aussi désastreux sur les plus qualifiés ou les non-qualifiés, les savants ou les ignorants. Et sur ce point, il ne peut y avoir aucune discussion sérieuse. Déclarer que la solution au chômage provenant de la récession réside dans une meilleure formation de la main-d'œuvre est typiquement un des non-sens du vide de la pensée libérale.

La bonne société doit savoir tenir compte des dépressions, récessions ou stagnations qui affligent l'économie de marché d'aujourd'hui. Mais elle doit également tenir compte des problèmes du plein emploi, de l'inflation et de la préférence, profondément contestataire, de certains, et en vérité de beaucoup, pour une économie de stagnation. Il y a aussi le sujet largement débattu du déficit budgétaire et tous ceux que nous allons aborder dans les prochains chapitres.

6
L'inflation

Comme nous l'avons déjà souligné, il y a deux problèmes particulièrement délicats qui se posent lorsque l'on s'engage dans la recherche d'une bonne économie. L'un tient à la vraisemblance, et en fait à la presque quasi-certitude, que plus l'on s'approche du plein emploi et d'un niveau d'expansion économique soutenu, plus l'inflation va se développer. L'autre provient du fait qu'il existe une partie importante et influente de la société moderne qui ne trouve personnellement rien à redire à la stagnation ou au chômage. Elle préfère même grandement cette situation à la prise de décisions ou d'interventions qui pourrait déranger son confort ou relancer les risques d'inflation. Mais on doit bien remarquer que le seul fait de cette préférence ne doit pas être admis, ni même évoqué. Déclarer publiquement que l'on est partisan de la stagnation et de la récession serait certainement encore plus mal supporté que de déclarer dans les mêmes circonstances que l'on est un chaud partisan du harcèlement sexuel.

Avec la recherche du plein emploi – c'est-à-dire la création d'une opportunité d'emploi pour chaque personne désireuse de travailler et une revalorisation des revenus des autres –, la menace et la réalité de l'inflation sont, au côté de l'accroissement du déficit budgétaire (qui peut avoir été utilisé pour stimuler cette situation de plein emploi), une des questions économiques parmi les plus débattues. Et la véritable cause de l'inflation ne fait ici aucun doute. L'accroissement de la demande globale pèse sur les marchés, fait progresser la production, développe les besoins de consommation de la main-d'œuvre et elle permet donc inéluctablement la hausse des prix. Cette situation doit alors être soit exploitée, soit combattue. Par ailleurs, là où il existe un plein emploi au niveau national, il y aura toujours, à un niveau régional ou à celui d'une compétence particulière, un phénomène de rareté. Une telle rareté pourra être surmontée en offrant aux employés que l'on recherche des salaires plus élevés afin de les débaucher puisque l'on sait que le marché est porteur et qu'il n'aura donc aucune difficulté à supporter la hausse des coûts salariaux qui se répercutera en dernier ressort sur le consommateur. Et de même, les hausses de salaire se traduiront par une hausse de la demande globale et donc un accroissement des pressions qui existaient déjà sur le marché.

Un marché porteur et des bénéfices confortables pour les employeurs signifient également, mais est-il besoin de le souligner, un renouveau du mouvement syndicaliste. (Même si cette force est en déclin aux États-Unis, elle demeure une force socialement indispensable.) L'ensemble de ces phénomènes produisent, à leur tour, la justification et la nécessité d'une hausse du niveau général des prix.

L'économique ne doit pas toujours s'obnubiler sur ce qu'il ne sait pas résoudre. C'est pourtant sa tendance préférée, à tout le moins, en matière d'inflation et de chômage. Il y a bien des années, la courbe de Phillips, du nom d'A. W. Phillips (London School of Economics et Australian National University), mettait clairement en évidence les termes du choix – l'échange – entre plein emploi, ou emploi élevé, et inflation d'une part, et, d'autre part, chômage et relative stabilité des prix. Cette conception est encore présente dans toutes les mémoires des économistes.

Mais aujourd'hui, les choses ont connu un changement significatif. Le problème se pose désormais en termes de préférence pour l'inflation ou le chômage. Le chômage était autrefois la principale peur de dérapage d'une économie. Le plein emploi était le premier critère des performances d'un système économique. Cette idée demeure dans bon nombre des grandes théories économiques. Mais la réalité la plus profonde de notre époque est que l'inflation est désormais vécue par la partie la plus influente de la société comme la principale menace sur les performances du système économique. La stabilité des prix est donc devenue l'objectif prioritaire. Le chômage n'est plus en conséquence dans cette optique qu'un moyen, relativement efficace, de stabilisation du niveau général des prix. Cette démarche reflète une nouvelle réalité, que l'on décrit certes avec des termes moins tranchants qu'ici, mais qui est bien visible et qui joue même un rôle d'obstacle incontournable.

La raison déterminante de cette situation vient essentiellement du fait que, dans notre système économique et notre société moderne, ceux qui disposent de la plus grande influence ont plus à craindre de l'inflation que du chômage. Le chômage touche ceux qui en sont atteints et leurs familles. Leurs souffrances peuvent aisément être tolérées par ceux qui n'ont pas à faire l'expérience de cette détresse.

Le chômage possède, en fait, certains attraits sur le plan économique et social. Les entreprises disposent d'un personnel plus agressif, car il sait qu'il a peu de chance de retrouver une autre opportunité d'emploi ailleurs. D'autre part, les employés, craignant le chômage, se montrent plus coopératifs, voire plus dociles. Et ce même au niveau de leurs syndicats. En outre, on peut remarquer comme très significatif que pour la plupart des citoyens, y compris ceux qui disposent d'une certaine influence au niveau politique, le chômage n'est pas une menace qui les concerne directement ; alors que, en revanche, l'inflation étend ses filets sur les économies modernes. Le grand nombre de ceux qui vivent de revenus fixes, de pensions, de retraites, de placements craignent l'inflation et non le chômage[1]. Même si les

1. On pourra ajouter à cette remarque de l'auteur que le vieillissement de la population a grandement contribué à amplifier ce phénomène. Les

revenus de ces placements peuvent être indexés sur le coût de la vie, un sentiment d'insécurité aigu se manifeste chez les rentiers dès la moindre augmentation du niveau général des prix. Comme, de plus, la hausse des prix se produit tous les jours, alors que les ajustements découlant de l'indexation ne se réaliseront qu'après un intervalle de temps plus ou moins long (et qui peut aussi représenter dans certains cas une année entière !), la stabilité des prix leur semble donc bien préférable.

La communauté financière est au premier rang de ceux qui militent en faveur du chômage comme moyen pour conforter la stabilité des prix. Cette communauté comprend bien entendu les banques centrales dans lesquelles les banquiers ont en général, comme c'est le cas dans le Federal Reserve System, une voix statutaire. Et la communauté financière comprend encore les banques commerciales, les sociétés d'investissements et la finance au sens le plus large du terme. Tous ceux qui prêtent de l'argent souhaitent recevoir leur rémunération (les intérêts) sans diminution de pouvoir d'achat. Ce souhait est évidemment directement battu en brèche par l'inflation. Il existe en outre un puissant effet subjectif qu'il faudrait se garder d'oublier. Éviter l'inflation constitue le test suprême et totalement neutre de la qualité d'une gestion financière. L'inflation projette une ombre obscure sur une telle gestion, démontrant impitoyablement ses défauts. Un gouverneur de banque centrale universellement réputé pour sa compétence est celui qui aura minimisé l'inflation dans son pays. Il – la finance n'est pas le domaine des femmes – n'est jamais soumis à un test du même type en ce qui concerne bien sûr le chômage.

Bien qu'on ait pu, dans certaines circonstances, ouvertement avouer cette pratique – « Le chômage ne me regarde pas ! » –, les gouverneurs des banques centrales et la communauté finan-

---

gens âgés sont devenus un véritable obstacle économique à l'épanouissement des jeunes générations qui payent ainsi de leur avenir le statut social de leurs « aînés » *(NdT).*

cière dans son ensemble éprouvent toujours quelque réticence à évoquer le sujet. On accepte assez volontiers de qualifier d'imprudente, voire de regrettable, une réduction trop rapide ou trop forte du chômage. On est plus discret pour avouer publiquement que l'on trouve très satisfaisant la présence sur le marché d'un grand nombre de gens sans emplois et prêts à tout pour en obtenir un. Et il en va de même en ce qui concerne le rôle involontaire de toutes ces victimes du chômage comme régulateur de la stabilité des prix.

La bonne société, en son sens pragmatique, ne peut espérer réconcilier le plein emploi et une complète stabilité des prix. Elle peut, toutefois, faire quelque chose pour minimiser l'antagonisme entre ces deux options. Même dans un monde où les syndicats ont vu leur pouvoir diminuer, on se doit de reconnaître, et même d'endiguer, la traditionnelle spirale prix-salaires. L'établissement des salaires devrait être ainsi maintenu dans le cadre de la structure existante des prix. Cette conception a longtemps été envisagée comme une des caractéristiques fondamentales de l'action des syndicats européens. On ne sera donc pas surpris que cette conception ait reçu de ce côté de l'Atlantique la dénomination de « modèle européen ». Par ailleurs, le management doit, quant à lui, démontrer son respect pour les limites que la main-d'œuvre accepte en veillant à maintenir la stabilité de ses prix.

Dans le passé, les gouvernements, d'inspiration tant conservatrice que libérale (et ce, également aux États-Unis), ont milité en faveur d'une limitation des salaires et des prix, allant parfois jusqu'à l'institution de contrôles rigoureux dans ces domaines. Cette attitude se révèle toutefois en complète contradiction avec les structures dominantes de l'économie de marché et, de même, avec le puissant corpus idéologique que ces structures génèrent. Dans ces conditions, la suggestion que l'on peut aujourd'hui faire est un appel au sens des responsabilités dans les négociations salaires-prix de sorte que ces dernières reflètent la volonté de faire triompher le plus largement possible l'intérêt général.

On ne peut fuir le choix entre chômage et inflation. Tout au contraire, on doit lui faire face. La bonne société ne peut avoir pour vocation de rejeter une grande partie de ses membres dans l'oisiveté, la détresse sociale et les privations de toutes sortes afin d'atteindre la stabilité des prix. Et s'il est nécessaire, il faut être capable d'accepter la hausse des prix comme un moindre mal. Il n'y a plus de risque sérieux d'inflation galopante – c'est-à-dire d'une inflation qui ruine presque totalement le pouvoir d'achat – mais l'expansion continue de l'économie, qui résulte de l'emploi de plus en plus grand de la main-d'œuvre, aura inévitablement des effets de surchauffe sur les prix, sans pour autant avoir les conséquences désastreuses du passé. C'est ainsi que l'économie devrait fonctionner dans l'avenir. Cette orientation paraît nettement plus adéquate sur le plan social que la recherche de la stabilité des prix obtenue par les effets pervers d'une grande partie de la population contrainte à des loisirs forcés.

On doit donc bien comprendre qu'il ne peut pas y avoir plein emploi et stabilité des prix en même temps. La bonne société doit dès lors tout mettre en œuvre pour adoucir ou minimiser les effets déplaisants des termes de cette alternative. Les aides au chômage doivent donc être généreuses, les abus occasionnels ne devant pas être un motif suffisant pour combattre ce principe. Elles ne doivent pas être non plus envisagées, et ce en aucun cas, comme l'institution d'un sous-statut social. Cette conception est une partie essentielle et importante du système d'une bonne société.

Et de la même façon, comme nous avons reconnu qu'un taux modéré d'inflation est inévitable, on doit tout mettre en œuvre pour limiter les effets négatifs de ce dernier. On doit ainsi tout particulièrement prendre garde à indexer tous les revenus fixes ou d'origine contractuelle comme les retraites, les traitements des fonctionnaires et des enseignants ou encore le seuil du revenu minimum garanti (et notamment, ce qui est très important, l'indexation du salaire minimum). L'indexation est largement devenue aujourd'hui une pratique courante. Mais elle doit encore être étendue autant que cela peut être nécessaire et acceptée comme une démarche naturelle. L'établissement des taux d'intérêt doit également refléter la prise en compte d'une hausse éventuelle des prix. La communauté financière est toutefois déjà très largement sensibilisée à ce sujet.

L'attitude la plus agressive contre l'inflation vient, comme nous l'avons déjà remarqué, de la classe des rentiers. Cette classe représente une communauté importante dans la société moderne ; et l'on ne saurait douter ni de sa puissance d'expression, ni de sa profonde opposition à l'inflation. Cette position découlant naturellement de sa préférence évidente pour des taux d'intérêt élevés combinés à la stabilité des prix.

Mais il y a encore un autre aspect des choses qui reste dissimulé dans la tête des financiers et d'une grande partie de l'opinion publique, et que l'on a désigné sous le terme de la théorie de l'inflation « enceinte ». De même qu'une femme ne peut pas être un petit peu enceinte, de même il ne peut pas y avoir un petit peu d'inflation. Le développement est inévitable. Cette théorie est toutefois clairement un non-sens. L'inflation augmente ou diminue selon l'équilibre des forces en présence. On a pu vérifier cette assertion à travers les années passées, et même les décennies. Les prix ont connu une surchauffe significative mais sans terminer pour autant par un désastre ou ce que l'on a pris l'habitude d'appeler une hyperinflation.

Au cours des années qui suivirent la Seconde Guerre mondiale, on a connu un niveau d'emploi élevé et une croissance économique vigoureuse accompagnés par un taux d'inflation annuel des plus modestes. Ce taux d'inflation ne démontrait donc nullement que la situation économique dérapait. Ce qui était vu différemment à l'époque, c'était que le thème de l'insécurité de l'emploi n'était pas traité isolément comme la solution miracle aux menaces inflationnistes.

En définissant les caractéristiques de la bonne société, il serait agréable de croire que le plein emploi et la stabilité des prix puissent être atteints simultanément. Cet objectif a d'ailleurs été en fait évoqué par bon nombre de commentaires dans le passé. Mais ici, comme toujours, sous la forme de l'utopie contre le réalisable. Un faible niveau de chômage est nécessaire. Il est en fait le but ultime qui ne peut connaître aucune compromission. Mais combiner ce but avec une parfaite stabilité des prix est en dehors des limites du possible.

7
Le déficit budgétaire

Il y a des moments dans l'histoire et même dans notre univers contemporain où le simple fait d'énoncer ce que l'on pourrait considérer comme l'expression la plus parfaitement banale du bon sens revêt un aspect d'excentricité, d'irrationalité, voire d'un léger dérangement mental. C'est le risque que courent à l'heure actuelle tous ceux qui, aux États-Unis, veulent mettre en doute la sacro-sainte règle de la réduction ou de la disparition du déficit budgétaire – c'est-à-dire l'excès de dépenses publiques par rapport aux recettes fiscales. Comme nous l'avons déjà relevé, cette aspiration à l'équilibre budgétaire a pris une telle ampleur que l'on a pu voir des élus qui tentaient de lui donner une place équivalente, dans la Constitution des États-Unis, à celle des droits fondamentaux de l'homme comme la liberté d'expression ou la propriété privée. Qu'une dépense donnée puisse accroître le déficit budgétaire est une raison suffisante pour qu'elle soit rejetée sans plus de considération ; et ce même si elle vise les besoins les plus élémentaires des citoyens les plus démunis – et cela de façon assez constante ces derniers temps, lors de l'examen de tels projets de loi. Dans la philosophie américaine, il existe toutefois certaines dépenses publiques qui restent en dehors de l'anxiété générale provoquée par le déficit budgétaire : les dépenses militaires, sur lesquelles je reviendrai plus loin, représentent le cas le plus impressionnant. Tout au contraire, celles concernant les pauvres sont définitivement considérées comme accessoires.

Aussi, notre question sera : qu'est-ce qui doit être la règle fondamentale de gestion dans une bonne société concernant, d'une part, les emprunts publics et, d'autre part, la création d'un déficit budgétaire ?

Il n'existe aucune loi ou tradition qui exige l'équilibre budgétaire – l'égalité des dépenses et des revenus publics sur la base d'une année calendaire. Mais cela ne veut pas dire que le budget et le déficit budgétaire doivent être traités, dans un État moderne, avec désinvolture ; tout au contraire même, car ils exigent un sens aigu de l'intelligence et du discernement. Ce qui est alors essentiel, c'est que cette intelligence et ce discernement puissent s'exercer dans un cadre de réflexion adéquat. Précisons ici un peu plus notre propos en analysant une tendance exceptionnelle relative à cette question particulière.

Il y a trois grandes catégories de dépenses publiques. Il y a celles qui ne servent aucun objectif visible, présent ou futur ; il y a celles qui protègent ou renforcent les conditions économiques et sociales de l'heure ; et il y a celles qui apportent, ou devraient permettre, une augmentation à venir des revenus, de la production et du bien-être général.

Considérons la première catégorie, dénuée de tout véritable but cohérent. On doit d'abord reconnaître qu'aucune institution n'est réellement parfaite et ceci est tout particulièrement vrai dans le cas de l'État moderne. Il y a une tendance dans toutes les grandes organisations, privées ou publiques, à un excès de personnel – désir universel de toutes les hiérarchies de régner sur de plus en plus de subordonnés (talentueux ou supposés tels ?). La vie est toujours plus belle lorsque d'autres peuvent faire votre travail ou réfléchir pour vous. Le nombre de subordonnés est ainsi la mesure directe de la position et du prestige de leur supérieur. Mais il est évident que cette marque de prestige s'ajoute sur le montant total des dépenses en frais de personnel de l'organisation. Il y a aussi des dépenses publiques qui répondent à des intérêts politique ou économique spécifiques et non aux besoins plus généraux de la population. Et il y a enfin des dépenses qui survivent à la raison qui les a fait budgétiser et qui continuent à être votées tous les ans alors que leur objet même s'est évanoui depuis longtemps.

Dans la mesure où les dépenses publiques sans objet échappent à tout contrôle ou tentative d'élimination – une des tâches prioritaires des administrations –, elles représentent une charge courante à financer par les revenus courants. Personne ne pourrait, à l'exception sans doute des bénéficiaires de telles largesses, soutenir que de telles dépenses aient à être couvertes par des emprunts publics. L'idée que les générations à venir puissent être tenues pour comptables des gaspillages d'aujourd'hui ne recueille aucun soutien dans l'opinion. Mais ce qui est le plus troublant dans cette question n'est pas tant le principe que le fait que les gaspillages évoqués soient pratiquement impossibles à déceler. Car leur mise en évidence est une des missions les plus délicates à remplir en ce sens qu'une tendance bien établie veut que l'on décrive comme gaspillages les dépenses faites au bénéfice d'un autre que soi-même et que, de plus, cette tendance est encore plus forte lorsqu'il s'agit de considérer les dépenses réalisées en faveur des plus déshérités de la communauté.

La seconde catégorie, très importante, de dépenses publiques qui doivent être couvertes par les recettes fiscales, ce sont les opérations courantes des structures de l'État[1] – c'est-à-dire les fonctions que l'État remplit et qui paraissent urgentes aujourd'hui sans que l'on puisse réellement leur donner une limite dans le temps. Ces dépenses concernent le vaste éventail des activités étatiques : la mise en application des lois, la routine des opérations de politique étrangère, les subventions à l'industrie et à l'agriculture, le soutien en temps de paix aux institutions militaires (sujet sur lequel nous reviendrons en détail et

1. La notion française de dépenses fonctionnelles ne recoupe pas ici le propos tenu par J. K. Galbraith *(NdT)*.

avec quelques considérations spécifiques plus loin) et encore beaucoup d'autres choses du même ordre. Il n'y a aucune justification sociale ou économique pour financer ces activités par un recours à l'emprunt public, la charge des taux d'intérêt ne faisant qu'accroître leurs coûts. Sujettes aux effets plus larges de la politique fiscale, qui lutte contre la récession et les crises, les activités courantes et démocratiquement établies de l'État doivent être payées par l'impôt et les autres recettes courantes.

Il nous reste donc désormais à examiner les dépenses publiques qui ont pour vocation d'améliorer le bien-être futur et la croissance économique, ou qui doivent du moins être utilisées dans ce but. Ici, l'emprunt est une solution non seulement légitime mais également souhaitable sur le plan économique et social. Ce type d'emprunt est dans le secteur privé tout à la fois accepté et même totalement approuvé par les plus éloquents, et bien souvent les plus véhéments, des opposants au déficit budgétaire.

La démarche de la grande entreprise moderne pourrait servir ici de modèle à la politique de l'État. Les dépenses concernant la production courante doivent être une charge pour les revenus courants. L'investissement qui renforce les revenus et les positions dans l'avenir n'a pas à être supporté par les recettes courantes. Dans ce cas, l'emprunt apparaît pour tous comme la solution normale. Les coûts des intérêts et des amortissements seront supportés par les revenus mais pas les dépenses en capital. A un niveau à peu près général, cette règle s'applique dans la plupart des États américains ; seul le gouvernement fédéral continue à comptabiliser ses dépenses en capital comme des dépenses courantes. Aucune logique ne vient défendre cette pratique comptable, seules la commodité, la tradition et la rhétorique politique et ses erreurs militent en faveur de ce statu quo.

Là où les dépenses publiques permettent de promouvoir, ou sont même essentielles pour la croissance future de l'économie – accroissements de la production, de l'emploi et des revenus qui à leur tour entraîneront un accroissement des recettes fiscales –, le recours à l'emprunt est une solution complètement acceptable. On ne peut pas considérer que l'on fera porter leurs coûts sur les générations à venir, car c'est justement ces générations qui en seront les bénéficiaires, et il est donc naturel qu'elles en assurent le financement. Si l'on suppose que les taux d'imposition resteront à peu près constants et que l'économie se développera de façon relativement stable, ce financement constituera un prélèvement sur des revenus futurs en notable croissance. Cette croissance des revenus est, dans une plus ou moins grande mesure, le produit des investissements à long terme. C'est d'ailleurs pour permettre cette croissance qu'ils ont été réalisés.

Il y a beaucoup de dépenses publiques qui participent de ce principe. Les travaux publics sont l'exemple le plus évident et aussi celui que l'on mentionne le plus souvent. Les investissements pour l'amélioration des moyens de transport, y compris le trafic aérien et son rôle majeur dans l'avenir, représentent également un exemple évident. Les générations futures devront payer pour ce qu'elles utiliseront. Et nous sommes dans le même cas de figure avec les emprunts réalisés pour perfectionner les services publics postaux. Ces emprunts sont d'ailleurs une méthode de gestion financière classique pour les très compétitifs services privés de messagerie. Mais l'évidence n'est pas la totalité, ni même la plus grande partie de l'argument.

Les investissements de santé permettront une main-d'œuvre plus productive dans l'avenir, car en meilleure santé. Ce qui aura également pour conséquence de réduire les dépenses médicales. Et il en sera de même pour les programmes luttant contre les abus de drogue, d'alcool ou de tabac. Les enfants protégés ou sauvés de la pauvreté par les mesures sociales deviendront également des citoyens productifs. Ces mises de fonds contribueront donc à nourrir la productivité future et à accroître les revenus sur lesquels les impôts prélevés serviront à payer les intérêts et l'amortissement de l'augmentation de la dette.

Mais nous n'avons examiné ici que quelques touches d'un tableau bien plus large. Rien n'est aussi important pour l'amélioration future du revenu et de la production – c'est-à-dire pour la rentabilité de l'économie en général – que les qualifications données par le système de formation. Il s'ensuit que, lorsque l'on considère un investissement, on devrait toujours prioritairement prendre en compte son influence sur l'évolution du système d'enseignement – comme moyen de perfectionner l'intelligence et la productivité des êtres humains. Mais comme, par ailleurs, la plupart des dépenses consacrées à l'enseignement, à la médecine et à quelques autres sujets du même ordre devraient être appréciées comme des dépenses courantes, on ne peut pas bénéficier pleinement de l'effet investissement. Le problème qui se pose est donc de savoir faire la distinction entre ces deux types de dépenses.

Il n'y a toutefois aucun moyen de différencier les dépenses dévolues au fonctionnement courant de l'enseignement, de la santé, de l'assistance sociale et de bien d'autres services publics de celles qui auront pour conséquence d'accroître le revenu à venir. Et l'on peut même douter de la validité d'un effort qui aurait ainsi pour tâche de faire ce distinguo subtil dans les dépenses de santé. Il n'y a pas de possibilité d'opposer une distinction quantitative à une distinction qualitative. Une règle assez générale existe pourtant.

Si l'on admet le principe d'une efficacité générale de l'administration et de l'intelligence dans la réalisation des activités publiques, le déficit budgétaire et les charges financières qui en découlent devraient augmenter à travers le temps dans une relation constante avec la croissance de l'économie dans son ensemble. S'ils augmentent plus rapidement, on doit se poser la question de savoir pourquoi ils comprennent certaines dépenses qui ne contribuent pas directement, comme l'on aurait pu s'y attendre, à la croissance économique. S'ils augmentent moins rapidement, il serait raisonnable de s'interroger, à tout le moins, sur la nécessité d'investissement public pour favoriser le besoin d'expansion économique. Comme aucun calcul précis entre les dépenses courantes et les dépenses en capital n'est possible, nous devrons de nouveau nous contenter des agrégats statistiques.

Le coût qui est associé à la dette publique pourrait s'exprimer grossièrement par l'accroissement des moyens disponibles de paiement. En termes d'économiste, on pourrait dire que la charge des intérêts de la dette devrait être à peu près représentative d'un pourcentage constant de la croissance du revenu global qui doit servir à la rembourser. Aux États-Unis, la question de la validité de la dette publique mise à part, la relation que l'on vient de définir s'est révélée à peu près stable dans les dernières années. Dans les années 80, il y eut une forte augmentation du pourcentage des charges financières fédérales par rapport au produit intérieur brut (PIB). Ce phénomène, qui se traduit par des moyens de paiement plus importants, était la conséquence des projets militaires de Reagan et des politiques budgétaires exceptionnelles, ou, comme certains les appelleront, ultra-keynésiennes, suivies dans ces temps-là. Puis, le pourcentage des coûts des intérêts par rapport au PIB amorcera une baisse plus modeste pour, comme nous l'avons déjà indiqué, se stabiliser. Il est certain que les générations futures se retrouveront donc à payer quelques-unes des dépenses courantes d'aujourd'hui. Mais, du fait notamment de l'amélioration du système d'enseignement, elles pourront s'acquitter de ces charges avec des revenus plus élevés et une situation bien plus confortable (ces améliorations étant le résultat des dépenses que nous venons d'évoquer).

Deux sujets restent encore à examiner. Le premier concerne la nécessité où l'on se trouve désormais de changer le cadre de référence annuel dans lequel s'inscrit la procédure budgétaire. Lorsque les temps sont favorables et les recettes fiscales importantes, le déficit budgétaire doit être réduit. Il représenterait, en effet, un accroissement des charges d'investissement nécessaire à la croissance économique future. Et du même coup, lorsque l'on est dans une situation de récession, avec ses misères et son chômage, les dépenses en capital et les emplois du secteur public doivent être augmentés, entraînant inéluctablement un déficit budgétaire. Mais nous avons déjà évoqué ce sujet et les mesures fiscales compensatoires qui peuvent être prises.

La règle fondamentale de la politique économique de la bonne société consiste donc à mettre en phase les dépenses publiques et la croissance future au plan économique et social. Cette politique doit donc tenir compte des moyens disponibles pour faire face aux charges des intérêts et des amortissements ; moyens qui dépendent eux-mêmes des conditions économiques courantes selon que l'on se trouve dans une phase d'expansion ou de récession. On pourra faire remarquer que cela est sans doute trop demander aux pouvoirs publics. Un gouvernement démocratique suit des modes d'action moins sophistiqués, plus élémentaires. Pourtant, c'est dans cette démarche que réside la solution. Mais personne ne peut croire aujourd'hui que la conduite d'une économie moderne soit une chose simple. Peut-être sommes-nous, en fait, arrivés à un point où il nous manque un idéal pour définir une telle conduite de gestion. La tendance actuelle, et même le discours le plus répandu, en faveur de la réduction du déficit budgétaire montrent que c'est justement ce qui se passe aux États-Unis et dans un grand nombre d'autres pays industriels. Ce n'est pourtant pas une excuse pour ne pas rechercher ce que devrait être une politique financière légitime – la base fiscale d'une bonne société.

Le déficit budgétaire est désormais un instrument utilisé, comme nous l'avons déjà dit, contre les actions socialement nécessaires mais politiquement combattues. La plupart des critiques contre les actions sociales tiennent dans l'argument qu'elles augmenteront le déficit budgétaire et les charges fiscales de nos petits-enfants. Cette conception est, à l'évidence, une erreur et une stupidité redondante. Si l'on considère correctement les choses, le déficit peut être une source d'aide et de bénéfice pour les générations futures – un accroissement de leur prospérité générale et de leur capacité de remboursement. C'est ce qui s'est produit dans le passé et c'est ce qui se produira dans l'avenir.

Il y a encore d'autres raisons avancées contre le déficit budgétaire et la formation de capital par les pouvoirs publics. On soutient ainsi que le recours à l'emprunt public réduit l'épargne disponible nécessaire aux financements des investissements du secteur privé. Cet argument est avancé lorsque les taux d'intérêt sont faibles et que des fonds importants sont à la recherche d'investissements. Mais il l'est encore, lorsque les taux d'intérêt sont élevés et que l'action de la banque centrale pourrait les abaisser et encourager éventuellement ainsi les investissements. Ce dilemme met en opposition, d'une part, l'investissement privé et ce quelle que soit la frivolité des buts qu'il poursuit pour la réalisation de produits ou de services de consommation, et, d'autre part, l'investissement public et ce quelle que soit l'urgence sociale de son propos. La question de la sauvegarde de l'épargne devrait être considérée avec un certain détachement ironique comme faisant partie de la panoplie des méthodes destinées à aveugler le bon peuple en lui présentant systématiquement le déficit budgétaire comme un désastre.

Le budget et la politique fiscale sont les éléments les plus sollicités dans les politiques économiques modernes, et ce tout particulièrement lorsqu'elles traitent du déficit budgétaire. Ils sont les bases sur lesquelles pourront se greffer la plupart des autres domaines de l'action des pouvoirs publics. Personne ne devrait être tenté de minimiser les problèmes en jeu, c'est-à-dire les initiatives et les contraintes qu'elles réclament. C'est ici que l'on perçoit avec le plus d'acuité la base du système économique de la bonne société.

8

La répartition des revenus et le pouvoir

La bonne société ne recherche pas l'égalité en matière de répartition des revenus. L'égalité n'a pas de sens eu égard à la nature humaine ou aux caractéristiques et motivations du système économique moderne. Comme tout le monde le sait, les êtres diffèrent radicalement dans leur engagement pour gagner de l'argent mais aussi dans leurs compétences pour y parvenir. Et une bonne part de l'énergie et de l'initiative dont dépend l'économie moderne ne provient pas seulement du désir d'argent mais de l'incitation pour parvenir à son acquisition. Cette incitation représente le meilleur test de l'excellence d'une société, une des principales sources du prestige social.

Un fort courant de l'opinion a soutenu qu'il y avait, ou qu'il pouvait y avoir, un niveau plus élevé de motivation dans le cadre d'un système de rémunération égalitaire – « De chacun selon ses capacités, à chacun selon ses besoins ». Cet espoir, qui s'étend bien au-delà de la vision marxiste, s'est révélé irréaliste tant au plan de l'Histoire que du comportement humain. Pour le meilleur ou pour le pire, l'être humain n'est pas capable de s'élever à de telles hauteurs. Des générations de socialistes et de dirigeants de cette tendance ont appris cette leçon à leur plus profond désappointement et bien souvent avec un grand chagrin. Le principe de base est clair : la bonne société doit accepter les femmes et les hommes tels qu'ils sont. Ce n'est toutefois pas une raison pour éviter de mettre nettement en évidence les forces influençant la répartition des revenus et les facteurs qui forment les attitudes que l'on vient d'évoquer. Et en conséquence, d'établir, de façon très pragmatique, comment la politique de répartition des revenus doit être structurée.

Il y a d'abord une caractéristique intangible de l'économie de marché moderne (pour reprendre la terminologie acceptée désormais de tous), à savoir qu'elle accorde la richesse et répartit les revenus de façon totalement inégale, socialement contestable et bien souvent aussi au détriment de la société dans son ensemble. Aux États-Unis, aujourd'hui le cas extrême parmi les grands pays industrialisés, la Federal Reserve Bank, une « source impeccable », selon le *New York Times,* a établi, en 1989, que 1 % des ménages américains à hauts revenus possédaient près de 40 % de la richesse nationale et que 20 % de ceux-ci possédaient plus de 80 % de cette richesse. Les 20 % des plus bas revenus américains ne représentent que de 5 à 7 % du revenu national après impôts ; les 20 % des revenus les plus élevés représentent quant à eux 55 % du même revenu national après impôts. En 1992, 5 % des titulaires des revenus les plus élevés représentaient 18 % du revenu national après impôts. Un pourcentage qui a encore beaucoup augmenté aux cours des dernières années, alors que celui attaché aux plus pauvres a encore nettement diminué. Une bonne société ne peut accepter une telle situation. Pas plus qu'elle ne peut accepter intellectuellement les justifications, ou, pour être plus précis, les mensonges, qui défendent une telle inégalité. Ce sujet est d'ailleurs un de ceux qui ont été le plus assidûment « cultivés » par les penseurs économiques. Bien que personne n'ait jamais reconnu ouvertement le fait que les doctrines économiques et sociales ainsi mises en avant étaient largement tributaires des intérêts pécuniaires qu'elles servaient.

En particulier, on soutient qu'il existe un substrat moral à cette dérive. L'homme ou la femme en question a le droit de recevoir ce qu'il, ou ce qu'elle, gagne, ou encore, pour être plus précis, ce qu'il, ou ce qu'elle, reçoit. Ce type de considération est généralement assené avec emphase, à l'occasion avec aigreur et le plus souvent avec une indignation scandalisée. Mais l'Histoire comme l'observation du comportement humain ont depuis longtemps démontré la fausseté de telles assertions.

Une grande partie des revenus et des richesses sont attribués sans aucune, ou avec une très légère, justification sociale et ceux qui les reçoivent ne produisent que peu de services économiques, voire aucun. L'héritage est le cas le plus évident. Et l'on peut citer encore les dons, les accidents et les perversions du monde financier. Et ajoutons aussi les gratifications que les managers des grandes entreprises modernes s'allouent forts de leurs pouvoirs personnels. Comme on l'a remarqué, le management moderne des grandes entreprises a pour principale vocation, comme dans toute doctrine économique orthodoxe, la maximisation du profit. Mais comme le management moderne est libéré dans une large mesure du contrôle ou de la contrainte des actionnaires, il a décidé de transformer le vieux principe en la maximisation de ses propres avantages. Avec la souplesse de conseils d'administration qu'il choisit lui-même, il peut fixer sa propre rémunération, se doter de paquets d'actions et préparer son départ avec toutes les retraites ou indemnités qu'il lui semble bon. Qu'un tel comportement ne soit lié à aucune fonction économique ou sociale plausible est une opinion largement partagée. Les affirmations fréquentes et parfois ferventes sur l'utilité de telles situations ne sont guère plus que des contes à dormir debout.

Les riches ont une certaine répugnance à défendre leurs fortunes ou leurs revenus en les déclarant droits sociaux, moraux ou divins, c'est pourquoi le thème le plus employé est celui de la justification fonctionnelle. Une répartition des revenus inégale et dérangeante incite à l'effort et à l'innovation pour le bien de tous. A partir du revenu ainsi produit, on rencontre l'épargne et l'investissement qui sont également un bien pour tous. Le riche et l'homme aisé ne parlent pas ainsi pour la défense de leur propre position, mais ils parlent comme les simples serviteurs du bien de la communauté. Certains se trouveront même embarrassés par toutes les gratifications que le monde leur a témoignées, mais ils sauront les souffrir, comme un sacrifice pour le bien-être de tous. Le propos économique et social s'ajuste ainsi au confort personnel. Tous ceux qui aspirent à la bonne société savent ces choses.

Il y a encore la protection que la structure curieuse des classes sociales aux États-Unis accorde aux riches et aux gens aisés. Toutes les références sérieuses à la structure des classes sociales insistent sur la place de la classe moyenne. Il y a pourtant une classe supérieure et une classe inférieure mais elles demeurent le plus souvent dans l'ombre. Bien que cela soit rarement désigné de la sorte, nous avons, pour des raisons pratiques, une structure avec trois classes sociales dont la référence n'est constituée que par une classe : la classe moyenne. Une nouveauté sur le plan arithmétique. Et cette classe moyenne, qui est ainsi dominante, offre sa couverture protectrice aux riches. Les réductions fiscales décidées pour aider la classe moyenne s'étendent toujours naturellement vers les plus aisés. La classe supérieure n'apparaît jamais dans ce genre de discussions en tant que telle. C'est ainsi que les choses se passent en politique. Cette attitude a ici un effet fonctionnel très important sur les mécanismes de l'économie.

Il y a un phénomène particulier qui concerne les revenus qui vont vers les très riches, et que nous avons déjà évoqué en utilisant le terme des économistes, à savoir la préférence pour la liquidité – le choix entre les dépenses de consommation et l'investissement en capital, d'une part, et, d'autre part, le simple fait de détenir de l'argent sous une forme ou une autre mais également totalement oisive. C'est un choix sur l'emploi des revenus que l'individu ou la famille modeste n'a pas les moyens d'exercer. Ils vivent sous la pression de besoins plus urgents, et le fait qu'ils dépensent tout l'argent qu'ils reçoivent est indéniable. Il découle de cette constatation que les revenus qui sont largement répartis représentent un atout économique, car ils contribuent à stabiliser les flux de la demande globale.

Il y a donc de fortes chances pour que plus la répartition des revenus est inégale, plus cette répartition devienne dysfonctionnelle.

Mais alors, quelle est la bonne méthode en ce qui concerne cette répartition des revenus ? Il ne peut pas y avoir de clef fixe, tel pourcentage pour les riches et tel autre pour les pauvres. Un peu comme on trouve dans certaines entreprises, entre la rémunération de la direction générale et celle du manœuvre. On touche ici au caractère fondamental du système. Il ne se prête pas à des règles arbitraires. Ce qui est donc nécessaire, c'est la mise en œuvre d'une amélioration générale qui reflétera et combattra les inégalités et leurs effets pervers.

En premier lieu, il y a le système d'assistance pour les pauvres. Attaquer l'inégalité commence par une assistance plus solide envers ceux qui sont tout en bas de la pyramide sociale. Nous avons déjà insisté sur ce point.

En second lieu, il y a, comme nous l'avons déjà évoqué, la nécessité de lutter contre les tendances dominantes de la communauté financière : transactions secrètes, fausses informations au cours de campagnes de promotion pour des placements, comportements déviants dans le domaine des investissements, comme dans le cas du grand désastre des institutions de *savings and loans*, les « raids » sur les grandes sociétés et les épisodes à répétition de la folie spéculative. Toutes ces déviances finissent par avoir une influence négative sur la répartition des revenus. C'est la raison pour laquelle nous sommes favorables à toutes les mesures qui assurent le respect d'une honnêteté élémentaire dans le domaine des transactions financières et une meilleure compréhension par le public des crises liées à la spéculation.

En troisième lieu, il semble essentiel que les actionnaires et tous ceux qui peuvent être concernés mettent en question, voire critiquent, le principe de la maximisation des avantages personnels que les directions générales des plus grands groupes ont désormais institué. Indépendants de tout contrôle des actionnaires ou du public, les comités de direction des grandes entreprises ont fini par jouer un rôle qui, comme nous l'avons déjà dit, est une des causes majeures de l'inégalité sociale de la répartition des revenus. La seule réponse se trouve tout naturellement dans l'unité d'action des actionnaires-propriétaires de l'entreprise qui sont évidemment aux premiers rangs des victimes. On devrait tout faire pour que de telles actions menées en commun soient possibles, mais il ne faut pas se faire trop d'illusions. Ceux qui détiennent l'entreprise moderne sont notoirement passifs eu égard à leur propre exploitation personnelle.

Il reste donc deux lignes de conduite pour une action décisive des pouvoirs publics afin de favoriser une répartition des revenus plus équitable. Une de ces politiques se révèle d'une importance majeure.

La première de ces décisions devrait être de supprimer toutes les franchises d'impôts et subventions accordées actuellement aux plus riches. Ces franchises ont été mises en place récemment dans le cadre de la reconnaissance de ce que l'on n'a pas hésité à surnommer l'aide aux entreprises. On trouve ici une grande diversité de subventions et de réductions fiscales. Des aides aux producteurs agricoles, qui sont pourtant déjà dans la tranche des plus hauts revenus, en particulier en ce qui concerne le monopole du sucre déjà richement doté par ailleurs ou les subventions à la production de tabac, aux aides à l'exportation, y compris celles destinées à l'exportation des armes, et, à un niveau qui dépasse tous les autres, les monstrueuses subventions dévolues aux fabricants d'armement (sujet sur lequel nous reviendrons plus en détail).

Néanmoins, l'instrument certainement le plus efficace pour assurer une répartition des revenus plus égalitaire demeure la progressivité de l'impôt sur le revenu. Cette procédure est la seule qui puisse conduire à une répartition des revenus plus raisonnable, voire plus digne d'êtres civilisés. On peut ajouter qu'aucune autre politique n'est l'objet d'attaques aussi vives. En revanche, la bonne société affirme son bien-fondé et elle s'attend à faire face à la résistance puissante, et même éloquente, de ceux qui perdront ainsi leurs avantages. Ils allégueront sans aucun doute l'effet pervers d'une telle politique fiscale sur l'incitation à entreprendre. Comme nous l'avons souligné plus haut, on peut s'attendre à ce qu'une forte progressivité de l'impôt sur le revenu motive les riches et les gens aisés à travailler plus dur pour préserver le niveau de leur revenu après impôts. Si l'on invoque les leçons de l'Histoire, on peut remarquer que l'économie américaine n'a jamais affiché des taux de croissance et des niveaux d'emploi aussi élevés, et même au cours de certaines années des excédents budgétaires records, que dans la période qui a immédiatement suivi la Seconde Guerre mondiale, c'est-à-dire au moment où les taux d'imposition des tranches concernant les contribuables les plus riches ont été les plus hauts.

Le vrai problème est toutefois dans l'acceptation du fait qu'une répartition des revenus plus équitable doit être le fondement des politiques modernes de la bonne société ; et que, dans ce contexte, la progressivité de l'impôt sur le revenu doit jouer un rôle primordial.

La répartition des revenus dans une économie moderne découle en dernier ressort de la répartition du pouvoir. Cette répartition du pouvoir est, à son tour, une cause et une conséquence de la façon dont les revenus sont partagés entre les membres de la communauté. Le pouvoir permet l'acquisition du revenu, le revenu permet le pouvoir sur la rémunération des autres. La bonne société doit être consciente de ce phénomène et elle doit chercher les solutions pour sortir de ce cercle vicieux.

La principale réponse est dans le renforcement de la protection, par les pouvoirs publics, des plus pauvres. Dans une économie de marché, le lieu géométrique naturel du pouvoir est l'employeur, et le plus souvent l'entreprise. Le droit des travailleurs à s'unir pour constituer une autorité qui puisse servir de contrepoids à ce pouvoir est donc tout à fait fondamental ; et il doit être aussi largement respecté. Comme ceux qui s'organisent pour investir bénéficient de la protection que l'État accorde aux structures entrepreneuriales, de même ceux qui s'organisent pour renforcer leurs revenus ou améliorer leurs conditions de travail devraient bénéficier largement d'une protection équivalente.

Au cours des temps modernes, et ce tout particulièrement aux États-Unis, le pouvoir des travailleurs est allé en s'amoindrissant. La part des syndiqués dans la population des salariés a chuté brutalement. Ce phénomène peut s'expliquer en partie par le déclin de la production de masse et donc du nombre des entreprises employant une importante main-d'œuvre ; et en partie par la léthargie des syndicats eux-mêmes du fait sans doute de leur grand âge. La bonne société doit rechercher, autant que faire se peut, à renverser cette tendance du déclin des syndicats, car les organisations de travailleurs demeurent un des facteurs fondamentaux, dans la vie économique moderne, de la stabilité sociale.

Pour beaucoup de travailleurs, l'organisation syndicale n'est cependant plus aujourd'hui une solution réaliste. C'est notamment le cas avec la grande dispersion des industries de services. Comme c'était autrefois la situation pour l'emploi des femmes ou des enfants, l'action directe des pouvoirs publics est donc indispensable au nom de tous ceux qui se retrouvent en dehors du système syndical. Elle doit également contribuer à développer une protection de la santé et des aides pour les chômeurs et surtout, ce qui nous apparaît de la plus haute importance, à mettre en place un salaire minimum garanti. Ce salaire minimum est un des points clefs de la bonne société. Que l'on invoque, comme on le fait couramment contre cette réforme, qu'elle conduira à diminuer les opportunités d'emploi offertes, est une pure absurdité. Car cette critique prend sa source invariablement du côté de ceux qui ne veulent pas payer le juste salaire du travail, et elle ne se fonde encore et surtout sur aucune constatation empirique. (Et même si elle avait une quelconque portée, ce ne serait qu'au détriment de quelques-uns, ce qui se justifie par le bien du plus grand nombre.) Il faut encore ajouter que la bonne société doit non seulement veiller à l'institution d'un revenu minimum garanti mais également protéger les revenus du travail des plus démunis de ses membres.

9

Le rôle décisif de l'éducation

Il existe peu de sujets aussi intensément débattus que le rôle de l'éducation dans la société moderne, et ce tout particulièrement dans sa relation avec le propos de l'économie. Toutes les analyses concernant la position économique dominante des États-Unis se concentrent sur la qualification et le haut niveau de formation de sa main-d'œuvre. Cette idée de l'importance du rôle de l'éducation est bien reflétée dans la formulation d'investissement humain que l'on utilise souvent pour désigner les dépenses consacrées à l'enseignement. L'investissement a en effet traditionnellement pour caractère de renforcer la rentabilité du système économique. L'éducation est donc, dans cette optique, un aspect, ou pour être plus clair une composante, de la politique économique dans son sens le plus large. Cette assertion n'est pas gratuite et elle mérite un examen assez attentif dans le cadre de la bonne société.

Que l'éducation serve à coup sûr les buts de l'économique n'est pas un sujet que l'on puisse mettre en doute. C'est un fait reconnu depuis longtemps. Au siècle dernier, les discours définissant aux États-Unis les conditions de base du progrès économique prônaient d'abord et souvent essentiellement l'éducation et les transports en sus d'une bonne administration. Aujourd'hui, la plupart des industries de production de masse à travers le monde travaillent avec des ouvriers illettrés. Cette tendance s'explique parce que ces derniers ont la détermination et la discipline qui proviennent de leur volonté à vouloir échapper aux privations économiques et à l'isolement social de leur ancien statut dans l'agriculture. C'est pourquoi bon nombre des industries de main-d'œuvre se sont déplacées vers ces nouveaux pays en voie de développement où le muscle et l'obéissance aveugle sont les bases du succès économique.

Dans les pays industrialisés, l'éducation a cependant un rôle central dans l'économie. L'économie moderne réclame une force de travail bien préparée et sachant s'adapter facilement. Les secteurs en pleine expansion – comme ceux des technologies de pointe, des arts et du design mais aussi et surtout des industries en forte croissance comme le voyagisme, la culture et les loisirs – ont tous besoin d'une force de travail ayant reçu un niveau de formation élevé. Par ailleurs, l'éducation prépare et inspire les hommes de l'innovation qui ont ainsi à répondre à une population dont les centres d'intérêt et de divertissement sont les résultats du système éducatif. L'éducation fait de l'éducation une nécessité économique.

On doit donc constater, en insistant sur ce point, que l'éducation est le plus souvent envisagée sous son aspect de contribution à l'économique. Les enseignants recourent traditionnellement dans leurs revendications pour plus de moyens financiers à l'argument de leur participation au fait économique – de leur propre contribution particulière aux performances économiques. Mais il faut de toute évidence tirer ici une ligne de démarcation. La bonne société ne peut pas accepter que l'éducation ne soit rien d'autre dans l'économie moderne qu'au service de cette dernière. L'enseignement a un rôle politique et social infiniment plus large et une justification en lui-même bien plus profonde.

Il y a d'abord un point fondamental à souligner. L'éducation porte en elle de façon primordiale les bases de la paix sociale. C'est elle qui apporte l'espoir et la matérialisation de la volonté de tous ceux qui souhaitent échapper au statut des classes les plus défavorisées pour s'élever dans la hiérarchie sociale.

La stratification économique et sociale est inévitable dans la bonne société même si l'on tente de la redéfinir avec plus de justice. L'élimination complète du système des classes est presque, sans aucun doute, impossible. Mais la dignité sociale et la stabilité politique les plus élémentaires exigent qu'il existe une chance réelle et efficace de promotion ; et que ceux qui appartiennent aux classes les plus démunies puissent accéder aux classes les mieux nanties. Si une telle organisation n'est pas possible, alors il est évident que l'on verra apparaître des signes de mécontentement et même la possibilité de révoltes et de violences.

Aux États-Unis, c'est cette possibilité de promotion sociale offerte à tous qui a permis à des communautés autrefois si contestataires comme celles des immigrés irlandais, italiens ou juifs de sortir du cercle de la violence, des difficultés, de la colère et parfois d'une vie criminelle et antisociale pour atteindre à une participation paisible dans la société les conduisant même à des positions dominantes dans le monde économique et politique. Pour bénéficier de cette possibilité de promotion, pour soi ou pour ses enfants, l'éducation est le facteur décisif. Les ignorants se voient infliger les tâches les plus fastidieuses, les plus répétitives, les plus affligeantes et, dans bien des cas, ils peuvent encore se retrouver sans le moindre travail. Avec l'éducation, et seulement avec elle, vient l'évolution. Sans l'éducation, cette évolution n'est pas possible, et c'est le plus souvent la porte ouverte à la violence et au crime. On pourrait avancer une proposition en exposant qu'il semblerait utile, et qu'il est peut-être même utile, de donner les meilleures conditions de formation à ceux qui sont parmi les plus défavorisés. Ce sont en effet ces derniers qui ont le plus besoin de moyens de promotion.

Dans une bonne société, l'éducation doit encore remplir deux missions supplémentaires et fondamentales. La première est de permettre aux êtres de se conduire eux-mêmes avec intelligence et la seconde est de leur permettre, en outre, de bénéficier des avantages de la vie autant que faire se peut.

Personne ne peut douter de l'importance de la démocratie et du rôle tenu par la conduite des citoyens. Dans une économie fondée sur un système agricole élémentaire, le recours à l'État est limité ; une intelligence relativement moyenne est suffisante pour les gouvernants comme pour leurs gouvernés. Mais avec les progrès de l'économie et des responsabilités sociales qui l'accompagnent, les pouvoirs publics doivent faire face à un nombre croissant de problèmes de plus en plus diversifiés et de plus en plus complexes (et il n'est pas sûr que cette croissance se fasse de façon arithmétique mais plutôt géométrique). Il doit y avoir alors soit une capacité réelle des citoyens, grâce à leur savoir et à leur intelligence, à intervenir sur les principaux sujets et leurs décisions par le biais du système électoral ; soit par une délégation plus ou moins totale de leur part en faveur de l'État et de sa bureaucratie. Ou ce peut être le triomphe des voix de l'ignorance et de l'erreur. Ces dernières amèneront à leur tour la destruction des structures sociales et politiques.

Il n'y a aucune nouveauté dans ces idées. Toutes les démocraties vivent dans la peur de l'influence de l'ignorant. Aux États-Unis, depuis les expériences de Huey Long, Gerald L. K. Smith, Father Coughlin, George Wallace, les plus extrémistes des fondamentalistes religieux et, plus près de nous encore, les milices, on sait qu'un certain pourcentage de la population est toujours disponible pour soutenir éventuellement toute forme de désastre politique et social. L'éducation et pratiquement elle seule peut conserver ces minorités dans des limites raisonnables.

Mais il existe une autre relation, moins évidente, entre l'éducation et la démocratie. L'éducation est non seulement une des conditions *sine qua non* de la démocratie, mais elle rend cette dernière indispensable. Elle ne permet pas seulement la venue au jour d'une population capable de comprendre les principales règles d'une société ; elle soutient aussi cette population dans sa volonté d'être entendue. On sait bien que les illettrés, en particulier s'ils sont dispersés à travers les campagnes, dans une relation de subordination très dure vis-à-vis des grands propriétaires terriens, peuvent facilement être réduits au silence et soumis à un contrôle autoritaire. Un tel phénomène ne serait pas possible dans le cadre d'une citoyenneté ayant reçu une bonne formation et capable dès lors de s'intéresser à la chose publique. Le monde moderne a montré partout le bien-fondé de cette assertion. Là où règne la dictature, la population ne reçoit pas une formation de qualité ou elle se retrouve, au minimum, dans l'incapacité de s'organiser pour se révolter. La dictature des pauvres et des illettrés est, par ailleurs, un lieu commun.

Nous voyons la démocratie traditionnellement comme un droit fondamental de l'espèce humaine. C'est bien ce qui est. Mais c'est aussi la conséquence naturelle du niveau de développement de l'économie et de l'éducation. C'est qu'en effet il n'existe pas d'autres régimes réalistes pour gouverner une population qui, du fait de son niveau d'études, non seulement escompte être entendue mais encore ne peut être maintenue dans le silence par des procédés émotionnels. C'est pourquoi, comme nous l'avons dit, c'est l'éducation qui rend la démocratie possible, et c'est elle qui, avec le développement économique, institue ce régime comme nécessaire, voire indispensable. Et il existe même un autre avantage à ce phénomène.

L'éducation a, d'abord et avant tout, pour vocation l'ouverture de l'esprit et de plus grandes aspirations dans la vie. C'est l'éducation qui ouvre les portes sur les plaisirs de la langue, de la littérature, de l'art, de la musique, mais aussi sur la diversité et toutes les facettes de notre univers. Ceux qui ont reçu une formation solide à travers les ans et même les siècles n'ont jamais douté qu'ils bénéficiaient d'une supériorité naturelle. C'est l'ampleur des opportunités de formation qui généralise et répand ce type d'avantages.

On a accepté autrefois, et l'on accepte encore aujourd'hui

dans une large mesure, que les privilégiés économiques et sociaux aient accès à une meilleure éducation et à ses avantages les plus durables. Pour obtenir cette formation, ils devaient payer et souvent fort cher. C'est ainsi que les écoles et les collèges privés virent le jour aux États-Unis. Les opportunités plus grandes offertes à ceux qui fréquentaient ces établissements justifiaient les coûts en jeu.

De nos jours, comme ce phénomène, plutôt tendancieux, a fini par atteindre une ampleur justifiant les critiques les plus vives, quelques efforts ont été engagés pour essayer de donner un aspect démocratique à ce système d'enseignement qui est pourtant fondé ouvertement sur des privilèges. On a ainsi aidé à la scolarisation, notamment par l'institution de bourses et de diverses aides, des plus défavorisés économiquement et socialement. Dans le même esprit, mais en développant une action plus large, on a créé aux États-Unis un système d'enseignement supérieur public – des universités à compétence générale, dépendant des États et qui sont, de l'avis de tous, les meilleures du monde. Mais cette initiative a encore tourné en faveur de la communauté des plus fortunés. Car les pauvres ne peuvent bénéficier des mêmes facilités d'accès à ces universités publiques. Ils viennent, en effet, d'écoles primaires ou secondaires, et ce notamment dans les grandes cités, de niveau très inférieur et souffrant de faiblesses de financement chroniques. Ces écoles ne peuvent leur offrir la moindre chance pour entrer dans les filières de l'enseignement supérieur. Nous autres, aux États-Unis, nous avons peut-être la forme la plus brutale de discrimination sociale : certains, tout naturellement, pourront connaître les plus grandes joies dans la vie, alors que beaucoup ne seront jamais dans ce cas.

L'analyse précédente montre que le rôle de l'éducation est une chose évidente dans une bonne société. Tout enfant doit avoir accès à un enseignement primaire et secondaire de qualité. Il doit également être soumis à la discipline nécessaire à ces enseignements. La contrainte et la discipline sont toutes deux nécessaires. La bonne société ne peut permettre que les très jeunes exercent une liberté de choix entre l'effort et la distraction. Puis l'enfant doit bénéficier de toutes les opportunités pour accéder à l'enseignement supérieur afin de pouvoir se réaliser pleinement en fonction de ses aspirations et de ses capacités. Pour atteindre cet objectif, on doit utiliser des financements publics. Il n'existe aucun test aussi clair, aussi décisif pour apprécier une bonne société que sa volonté de taxer – amener ainsi à renoncer à une partie de ses revenus, à ses dépenses et au superflu coûteux de la consommation privée – afin de développer et de maintenir un puissant système d'enseignement pour tous les citoyens. Les retombées économiques d'une telle démarche ne sont pas à mettre en question. Pas plus au plan politique. Mais le véritable résultat se situe bien ailleurs, il est dans une vie plus construite, plus productive et plus heureuse. Et cela, seule l'éducation est capable de le donner.

Les écoles, collèges et universités privées ou religieuses doivent, bien entendu, toujours être encouragés. Ils forment l'expression essentielle de la liberté dans une société libre. Mais ils ne doivent jamais devenir un moyen pour accorder de meilleures conditions d'éducation ou des opportunités plus grandes à la fin de leurs études uniquement à ceux qui peuvent payer.

Le prestige et le revenu de la profession d'enseignant doivent être le reflet de la grande importance que la société moderne donne à l'éducation. L'enseignement doit à la fois attirer et célébrer ce qu'il y a de mieux. Deux points doivent être particulièrement soulignés dans l'optique de notre propos sur la bonne société. Le premier concerne une comparaison entre les sommes monumentales que l'on consacre aujourd'hui aux programmes de télévision suivis si intensément par les enfants et les sommes beaucoup plus modestes consacrées à l'école et aux enseignants. Le second met en opposition les financements publics affectés, d'une part, aux dépenses militaires et, d'autre part, aux dépenses d'enseignement. Nous développerons ce dernier thème un peu plus loin.

10

Réglementation : les principes de base

L'économie de marché est fondée sur la réponse, non planifiée et non contrôlée, des entreprises (petites ou grandes), au sens large du terme, à la demande, manifestée par la volonté et le pouvoir d'achat, du consommateur sur le sol national ou à l'étranger. Le pouvoir d'achat, qui est l'élément moteur de ce mécanisme, prend lui-même sa source dans l'activité productive qui, pour sa part, est conditionnée par le pouvoir d'achat. Un cercle vicieux. Telle est l'essence de l'économie de marché. Avec l'effondrement du socialisme en Europe de l'Est, en Union soviétique et, d'une certaine façon, en Chine, il n'existe désormais pas d'autre système économique. La principale question est, comme nous le savons tous, comment cette entité économique, cette machine peut fonctionner indépendamment du pouvoir d'achat, c'est-à-dire de la demande réelle. Ou encore, comment cette même entité réclame, toujours pour fonctionner, le soutien du pouvoir d'achat ou exerce une contrainte sur ce dernier. Car n'oublions pas que c'est le pouvoir d'achat – la demande réelle – qui donne la vie au mécanisme du marché. La question qui vient alors immédiatement après celle que l'on vient de mentionner consiste à s'interroger sur les conditions d'orientation et de contrôle de ce mécanisme du marché de façon qu'il serve, et non desserve, l'intérêt général. Ou, en d'autres termes, quelle réglementation les pouvoirs publics doivent-ils mettre en place pour réguler le système ? Ce sujet se place parmi les plus controversés des domaines politique et économique de notre époque. La controverse oppose, d'une part, ceux qui sont partisans de l'autonomie de l'économie de marché, qui s'autorégule pleinement selon eux et ce en particulier du fait des intérêts pécuniaires des agents économiques qui y sont engagés, et, d'autre part, ceux qui considèrent comme évident le besoin d'une intervention afin de mettre un terme au préjudice que ce système fait peser sur la société ou encore à ses tendances profondément autodestructrices. Tout récemment, aux États-Unis, une attaque idéologique d'une rare ampleur a été lancée contre les tentatives de régulation de l'économie. Cette démarche est encore un moyen illusoire d'échapper à toute réflexion sérieuse. Il n'existe pas de règles ou de décisions spécifiques, comme dans le cadre d'autres sujets, qui puissent être ici avancées sur la seule foi en un tel dogme.

Quatre facteurs, d'une importance vitale, justifient le besoin d'intervention et de régulation des pouvoirs publics. Il y a, en premier lieu, la nécessité actuelle de protéger dans le long terme la planète, de mettre en place les réglementations que l'on décrit habituellement comme visant la protection de l'environnement. Ce thème sera développé dans les prochains chapitres de ce livre. En second lieu, il faut protéger les plus vulnérables de ceux qui sont employés dans l'appareil de production des effets pervers de la grande machine économique. Nous avons déjà traité de ce thème précédemment. En troisième lieu, il y a la propension, plus élevée qu'il n'est souhaitable, de l'économie à produire et à vendre des biens ou des services techniquement déficients ou préjudiciables physiquement. Et, en quatrième lieu, le système génère à l'intérieur de lui-même des tendances autodestructives dirigées contre sa propre efficacité. Chacun de ces facteurs, répétons-le encore une fois, provoque un conflit violent, avec des sous-entendus idéologiques, entre ceux qui envisagent le système comme une force totalement indépendante et qui se considèrent, eux-mêmes, comme naturellement gratifiés grâce à leurs mérites personnels, et ceux qui font valoir la nécessité d'actions de protection et de régulation.

On doit ajouter encore une précision à tout ce que nous avons déjà évoqué sur la protection des travailleurs. Dans une bonne société, la défense de la santé doit aller de pair avec l'emploi. Cette étape a été cruciale sur le plan de la civilisation dans les temps modernes. Et, de la même façon, on doit veiller très attentivement à la prévention des accidents du travail et à leurs indemnisations comme un thème d'importance majeure. La sécurité sur le lieu de travail mérite des considérations semblables. On doit encore, comme nous l'avons déjà souligné, insister sur le besoin urgent et permanent de protection des employés des petites entreprises, ou des petites unités de production, et ce plus spécialement dans les industries de services. Mais on doit remarquer de manière générale que le rôle de la réglementation des pouvoirs publics a beaucoup diminué aujourd'hui dans le domaine des relations du travail. Autrefois, l'appartenance au National Labor Relations Board était considérée, aux États-Unis, comme la marque d'un intérêt substantiel à la chose publique. Aujourd'hui, ce n'est plus qu'un moyen de sombrer dans un anonymat profond.

On considérait autrefois que la machine économique était à l'origine de tous les biens indispensables à la vie – nourriture, habillement, logement, énergie, transports, matières premières. Dès que le monopole apparaissait, on savait que les privations physiques et les souffrances de tous ordres allaient suivre inévitablement. C'est de ces circonstances que virent le jour la législation antitrust et d'autres dispositions légales afin de protéger le consommateur, souvent douloureusement affaibli, contre le pouvoir de l'entrepreneur.

De nos jours, les changements économiques et l'élévation du

niveau de vie ont réduit le pouvoir du monopole. Ce nouveau contexte se traduit alors par un besoin accru de réglementation concernant les produits et les producteurs. La globalisation plus intense du système économique, pour sacrifier à un terme à la mode, a réduit la menace du pouvoir des monopoles et donc leur possibilité d'exploitation du consommateur. A la place de trois grands constructeurs d'automobiles aux États-Unis – oligopole –, il y a désormais un grand nombre de concurrents, tant américains qu'étrangers. IBM n'est plus tout seul et il existe une foule de producteurs d'ordinateurs et de logiciels. Et il se passe la même chose dans les autres pays industrialisés.

Pour atteindre un niveau de généralisation plus élevé, on peut dire que, dans une économie de plus en plus productive, il y a, en raison de sa nature, un vaste éventail de choix possibles, allant du plus pressant au plus futile. Tout le monde peut se permettre une erreur lorsque l'on doit choisir entre une Cadillac et une Mercedes-Benz ; ou même entre des véhicules un peu moins haut de gamme ; ou encore entre différentes coupes de jeans ou types de petits déjeuners. Dans la plupart des cas, l'attention du consommateur moderne est sollicitée par des tests de comparaison d'utilité entre des produits concurrents dont les qualités sont plus ou moins semblables ou dont les différences sont minimes. Le pouvoir du monopole imposé par un seul producteur n'existe plus.

Mais il y a un revers à cette médaille. De même que l'abondance peut diminuer le besoin de réglementation, de même elle peut également le développer. Avant l'automobile, il n'y avait pas de problème de sécurité des véhicules. On n'avait pas plus besoin de réglementation de vitesse sur les autoroutes ou de contrôle du trafic urbain ou encore de mesures contre l'ivresse au volant. Et il en était pareillement des contrôles antipollution (que nous évoquerons au chapitre suivant). Ce constat peut être fait encore pour bien d'autres produits, allant des jouets jusqu'à l'amiante. Les télécommunications électroniques modernes ont aussi introduit un nouveau domaine, très controversé, de réglementation. Et il ne faut pas omettre un champ de réglementation encore plus large, plus diversifié et dont l'urgence est évidente, concernant les problèmes de défense du consommateur, qui vont de la simple erreur innocente à la fraude caractérisée. Cette démarche est tout particulièrement indispensable dans les questions relevant de la santé et de la médecine. Au fur et à mesure que l'on dispose, en effet, de plus en plus de biens manufacturés, de confort physique et des divers plaisirs de la vie, on se tourne de plus en plus vers ce qui semble améliorer la vie et ses avantages psychiques. C'est pour répondre à cette nouvelle demande qu'une industrie très agressive est apparue. La nécessité de la réglementation d'une telle industrie ne peut échapper à personne. Elle doit permettre la défense du consommateur contre des médicaments ou des actes pseudo-médicaux dangereux.

Mais le domaine le plus urgent et le plus controversé de la réglementation concerne ce qui a trait à toutes les opérations de la machine économique elle-même. Une attitude négative peut avoir ici les conséquences les plus graves, mais il faut bien remarquer que, même lorsque cette attitude démontre visiblement ses capacités de destruction, toute action, pour la corriger, suscite immanquablement de violentes résistances.

Le système économique ne peut fonctionner efficacement qu'avec l'observation d'un cadre strict délimitant les règles de comportement. La première, c'est évidemment celle de l'honnêteté – la vérité doit être à la base de toutes les informations destinées tant aux investisseurs qu'au public dans son sens le plus large, ou encore, comme nous l'avons déjà souligné, au consommateur. Dans le domaine de la finance, il est toutefois tout particulièrement vraisemblable que le mensonge est à la fois rémunérateur et préjudiciable. Contre de telles pratiques, on doit se montrer inflexible. La réglementation doit en conséquence être très sévère pour empêcher les fausses informations financières des sociétés concernant leurs performances ou leurs bénéfices et celles qui sont diffusées vers des investisseurs potentiels. Et il faut encore lutter contre bien d'autres subterfuges auxquels certains ont recours pour filouter les investisseurs mal informés ou un peu trop naïfs. Une nécessité spécifique, et dont l'intérêt n'est pas contesté, s'impose ici : le contrôle des transactions internes qui aboutissent souvent au délit d'initiés. On devrait également ouvrir un débat sur les prises de participations (OPA) trop importantes ou hostiles lorsqu'elles conduisent à faire supporter par l'entreprise qui en est victime une dette ingérable par son montant. Il en va de même de la spéculation sur les terrains et sur les titres. Car toutes ces formes de dérives financières conduisent inéluctablement à des difficultés économiques. On doit bien constater que l'économie moderne a bien plus souffert des excès ou des erreurs de ce que l'on nomme aujourd'hui la communauté financière (et que l'on désignait autrefois sous le sobriquet lumineux de « haute finance ») que de toute autre forme de désordre.

On a déjà évoqué la pseudo-association de l'intelligence et de l'argent. Dans le monde financier, la bonne société doit s'attendre à des performances plus que moyennes, en particulier lorsque, comme à chaque fois, les nouvelles générations retournent avec enthousiasme aux dérèglements et aux insanités de celles qui les précédèrent.

Tous les éléments que nous venons d'évoquer constituent, avec la protection de l'environnement, les principales limites du cadre de la réglementation édictée par les pouvoirs publics dans une bonne société. Il n'existe, comme nous l'avons souligné, aucun principe général pour définir cette réglementation. On doit veiller encore une fois à ne pas chercher d'échappatoire dans l'idéologie ; mais chaque problème doit faire l'objet d'une réflexion particulière tenant compte du contexte et qui doit aboutir à une mesure spécifique. C'est dans la nature du système que ses processus de production ou ses produits puissent avoir des effets pervers sur la société. Et ce phénomène peut avoir dans le long terme des effets d'autant plus dangereux qu'ils n'apparaissent pas aujourd'hui ou qu'ils sont superbement, voire franchement, ignorés en tant que causes potentielles de désastres. Bien que la nécessité de la réglementation puisse diminuer du fait de l'abondance et des choix qu'elle offre, elle peut également augmenter avec l'abondance. Mais là où la réglementation se révèle d'une importance décisive, c'est dans tout ce qui contribue à l'efficacité des performances du système lui-même. De la même façon que personne ne peut être partisan de la réglementation en soi, personne ne peut sérieusement se dire hostile à toutes les réglementations. S'il existe une règle générale que l'on peut retenir, c'est seulement celle qui voudrait que, lorsqu'une réglementation spécifique est en cours d'examen, l'on recherchât les intérêts pécuniaires des promoteurs de celle-ci et que l'on vérifiât si ces intérêts ne représentaient pas leur unique véritable motivation.

11
L'environnement

La bonne société doit remplir trois conditions économiques étroitement liées, même si chacune représente une force indépendante. Il y a d'abord la nécessité de fournir au consommateur les biens et les services qu'il réclame. Il y a ensuite à s'assurer si cette production et sa consommation n'ont pas des effets pervers sur le bien-être actuel de la population prise dans son ensemble. Il y a enfin la nécessité de veiller également à ce que ces dernières ne représentent pas un danger pour le bien-être des générations à venir. Les deux dernières conditions que nous venons de définir entrent souvent en conflit avec la première. Un conflit qui se manifeste d'ailleurs véhémentement dans la vie économique et politique de tous les jours. La référence la plus usuelle de ce type de conflit est celle qui met en jeu l'environnement. Nous allons donc passer ici en revue, de façon relativement concise, ces sujets tels que la bonne société doit les vivre.

La production de biens et de services est un problème qui a reçu dans les pays industrialisés toutes les solutions possibles. Comme nous l'avons déjà évoqué, il y a aussi les questions relatives à la stabilité des performances du système économique et aux méthodes de répartition des revenus. Ces questions ayant été traitées, nous ne les reprendrons pas ici. Il est en tout cas indéniable que l'économie moderne sait produire avec profusion tout ce que le consommateur peut vouloir ou souhaiter. Cette démarche de la production est, comme cela a été démontré, totalement indépendante de toute espèce de demande préétablie. Une industrie de la publicité, puissante et énergique, associée au pouvoir de persuasion des moyens de communication modernes, comme la télévision ou la radio, est à même désormais d'éclairer le consommateur sur ses véritables désirs et d'obtenir ainsi la consommation escomptée.

Les problèmes d'environnement naissent de l'impact actuel de la production et de la consommation sur la santé, le confort, le bien-être de la communauté au sens large. Mais ils proviennent aussi de leurs effets sur le futur avec notamment la disparition, dans les années à venir, de certaines matières premières que l'on trouve aujourd'hui partout et que l'on consomme sans compter.

Les manifestations des préjudices actuellement causés à l'environnement sont malheureusement trop familières : la pollution de l'eau et de l'air, les difficultés liées aux déchets et à leur retraitement, le danger immédiat pour la santé découlant de certains produits ou services et la pollution de la vue lorsque des unités de production ou de grande distribution s'installent dans un paysage rural ou urbain. Il n'est pas rare que les atteintes à la santé aillent de pair avec celles concernant le paysage. Au temps de leur « splendeur », les aciéries de Pittsburgh, des Midlands (Grande-Bretagne) et de la Ruhr (Allemagne) n'étaient pas seulement dangereuses pour la santé mais également hideuses dans leur aspect.

Les effets à long terme, comme distincts des effets actuels, sont nombreux : ainsi le préjudice causé par la pollution rémanente de l'air, l'exemple le plus controversé étant celui du réchauffement de l'atmosphère et son incidence sur le développement du cancer des poumons et l'emphysème. Mais il y a d'autres changements climatiques désastreux, comme la pluie du fait de la réduction des forêts, ou la disparition de certaines ressources minérales comme le pétrole dont l'économie d'aujourd'hui dépend si fortement. Et l'on peut encore évoquer, certes un peu plus loin dans l'avenir mais inévitable du fait de l'urbanisation anarchique et continue, la disparition de tout endroit où vivre. Il y a aussi des sujets exceptionnellement complexes comme ceux ayant trait à la protection de la vie sauvage et qui se traduisent, en particulier aux États-Unis, par la création de grandes réserves à l'abri de l'agressivité commerciale ou des expropriations.

Voici donc rapidement exposées les conséquences actuelles et futures de notre économie de consommation sur l'environnement. Comment la bonne société peut-elle réagir ?

La première condition est indispensable et elle concerne tous les citoyens quelque peu conscients des périls. La protection de l'environnement ne produit pas à l'instant un résultat économique palpable ; c'est pourquoi, afin d'obtenir les soutiens dont elle a besoin et d'atteindre ses objectifs, elle réclame une opinion publique et politique constamment en alerte et toujours prête à l'action. Ici, la situation actuelle n'est pas entièrement décourageante. Les sujets concernant l'environnement suscitent largement l'intérêt du public et souvent même sa mobilisation. Ce point est capital et dans une bonne société il doit être fortement encouragé.

On doit également comprendre clairement les enjeux politiques et économiques. Comme nous l'avons indiqué plus haut, l'environnement concerne tout à la fois des enjeux contemporains et des enjeux liés aux générations à venir. Ces deux aspects, et plus particulièrement le dernier, sont irrémédiablement en conflit avec les forces qui motivent l'économie de marché et dont la vocation est dans l'immédiat (le résultat visé par l'entreprise de production). Cette philosophie de l'économie de marché commande, à son tour, les énergies et les intelligences qui constituent la base de ce système économique tant au plan mental que physique. Toute intrusion dans cette organisation et ses motivations est considérée comme préjudiciable économiquement et socialement. Cette critique est évidemment plus marquée chez ceux qui vivent de l'économie de marché. Le sacrifice d'une liberté de décision et de profit, au nom de la protection de la communauté dans son ensemble ou encore de ses enfants à venir, est regardé comme une atteinte à la liberté (avec un grand « L »). Or, c'est cette liberté qui a permis le succès économique de la société contemporaine. Le conflit est encore renforcé par le fait que ce sont les pouvoirs publics – l'État – qui représentent le principal moyen de protection des intérêts de l'environnement tant aujourd'hui que dans l'avenir. En attaquant les pouvoirs publics comme une force mal intentionnée dans ses interventions, on peut facilement contrecarrer les législations pour la défense de l'environnement. Cette tendance ne doit pas être sous-estimée, car elle représente, comme cela a été souligné, une volonté puissante d'opposition.

Le conflit entre les effets actuels et en définitive publics de l'économie de consommation d'une part et, d'autre part, la dynamique à court terme du système économique fait l'objet tous les jours de débats et d'observations. Les installations de production d'électricité fournissent la puissance et la lumière aux utilisateurs qui en ont besoin. Mais en assurant cette production, ces installations contribuent à la pollution atmosphérique, aux problèmes des déchets à base de fuel mais aussi sans doute à la disparition de certaines ressources naturelles et, dans quelques occasions, à l'extension de la menace nucléaire. L'automobile, qui symbolise au plus haut niveau l'économie moderne de la consommation de masse, concourt de la même façon à la pollution de l'air et, par sa place et son utilisation dans les villes, à la dégradation de l'environnement urbain. Et il ne faut pas manquer d'y ajouter, par sa consommation d'essence, son rôle dans l'épuisement à long terme des ressources pétrolières de la planète. Pendant longtemps les États-Unis ont pu se fournir eux-mêmes en essence grâce à leurs propres champs pétroliers. Aujourd'hui, après seulement quelques décennies et toujours plus de voitures et de camions, ils sont tombés sous la dépendance du Moyen-Orient, et en sont peut-être même devenus les otages. De l'avis de tous, dans un certain temps, plus ou moins éloigné, les réserves de pétrole du Moyen-Orient seront aussi très affaiblies, voire épuisées. L'économie moderne dispose d'une puissante industrie du bâtiment qui peut signifier à terme la destruction de la forêt, la disparition des animaux sauvages, des oiseaux et d'autres espèces qui y résident. Cette destruction du monde forestier et de sa faune est aussi celle d'une partie de ce qui fait le bonheur de la vie.

L'effet du développement vigoureux d'une économie sur les paysages et les sites est un point qui réclame quelque commentaire. On a déjà évoqué l'aspect satanique des hauts-fourneaux dans les grands centres sidérurgiques. On sait encore l'importance dans le monde moderne de la dégradation des paysages routiers par les grands panneaux de publicité dont la fonction est d'entretenir la demande du consommateur. Dans ce domaine, l'impact du long terme est déjà perceptible. La campagne américaine est loin d'être aussi attrayante pour le voyageur qu'elle ne l'était il y a encore une centaine, voire une cinquantaine d'années. Et le même problème se pose, sans doute avec moins d'acuité, dans les autres grands pays industrialisés. La Grande-Bretagne, la France et la Suisse sont toutefois, et c'est à mettre à leur crédit, plus soucieuses de la défense de leurs sites naturels que nous autres Américains. En revanche, le Japon, qui autrefois présentait des paysages enchanteurs, s'est calqué beaucoup plus sur un modèle gracieux inspiré de Jersey City, New Jersey.

La bonne société ne peut ignorer l'existence du conflit qui existe entre les motivations fondamentales de l'économie et les conséquences présentes ou futures de la dégradation de l'environnement. Elle doit chercher à résoudre ce conflit de façon rationnelle, mais la solution ne viendra pas des prières ou de la rhétorique. Il n'y a pas d'autre issue pour les pouvoirs publics qui se doivent de veiller à la protection des intérêts de la communauté tout entière tant aujourd'hui que dans le futur.

C'est une des raisons profondes de l'existence des pouvoirs publics et de leur activité réglementaire.

On ne peut mettre en doute que le système du marché et ses incitations fassent partie de la bonne société. Mais la libre entreprise, le libre choix ne sont pas de droit divin pour la production. Ou pour ses consommateurs. Les intérêts de la communauté dans son ensemble doivent être tout autant protégés que l'avenir du climat et du bien-être général. Et il faut encore accorder une attention particulière à l'épuisement des ressources. Puisque l'on ne peut pas se passer des automobiles et que l'on doit en conséquence les construire, les approvisionner en essence et les conduire à travers les villes et les campagnes et que, de même, l'on ne saurait se passer d'une quantité d'autres biens avec les mêmes problèmes de production et de consommation, la bonne société n'a d'autre solution que de chercher un compromis. Un compromis entre les intérêts actuels des groupes financiers et les intérêts à venir du grand public est donc essentiel et inévitable. On peut, toutefois, se définir une règle générale, à savoir la préférence donnée à l'intérêt de la communauté et des générations à venir. Cette règle découle de la constatation que les affaires, le monde politique et l'argent sont unis pour la défense de la puissance économique d'aujourd'hui – les entreprises qui produisent les biens et services, leurs lobbies et les politiciens qui en sont « captifs ». L'intérêt du grand public et celui des générations futures ne peuvent s'appuyer sur aucune structure de défense aussi solide. D'où la nécessité de la règle que nous venons d'évoquer.

Dans une bonne société, la défense de l'environnement doit se faire par une organisation fortement motivée et dont les fondateurs assureront convenablement le financement. On doit également veiller à ce que cette organisation jouisse dans le public et dans le monde politique d'un préjugé favorable. La rémunération économique – le profit – et la ferveur quasi religieuse qui défend périodiquement le bien-fondé de ses modes d'acquisition se retrouvent côté opposition, avec les producteurs, les fournisseurs et leurs spécialistes en marketing et publicité. Les pouvoirs publics doivent dans cette lutte accueillir ceux qui ont décidé de se faire les champions de la défense de l'environnement en prenant en compte tant les situations actuelles que les situations à venir. Ces derniers ne doivent pas se comporter de façon sectaire par rapport aux critiques intelligentes, mais ils devront, au contraire, avoir pour mission de comprendre les autres afin de bénéficier ainsi du soutien de l'opinion publique et des sphères politiques.

12
L'immigration

Le problème que nous allons maintenant aborder concerne essentiellement les pauvres. Il est sans doute l'un des plus controversés de la société moderne ; c'est celui de l'immigration. Ce qui signifie, de façon concrète, le déplacement de femmes et d'hommes des pays les plus démunis vers les pays les plus favorisés et les conséquences sur la vie économique et sociale du pays d'accueil. C'est ce qui se passe actuellement aux États-Unis, au Canada et en Europe de l'Ouest et c'est ce qui pourrait bien se passer dans les années à venir au Japon.

Au fur et à mesure que l'économie se développe, elle a de plus en plus recours au travail d'une main-d'œuvre immigrée. Sans cette offre de travail en provenance de l'étranger, il pourrait se produire de graves distorsions économiques, voire des désastres. Il existe pourtant un fort courant de réflexion, si l'on peut se permettre de parler de réflexion à propos de ce courant, qui s'insurge violemment contre l'immigration. On avance ici une profonde méfiance envers les immigrants et l'on favorise des campagnes agressives contre leur entrée et leur présence. Il n'existe pas aujourd'hui de pays industrialisés importants, à l'exception du Japon, qui n'aient à faire face à la question de l'immigration en tant que sujet politique majeur. Les grandes lignes du problème sont très faciles à tracer. En Europe de l'Ouest (exemple particulièrement frappant), une grande diversité d'entreprises manufacturières et de services dépend de la main-d'œuvre immigrée. En Allemagne, la construction d'automobiles mais aussi bon nombre d'autres industries et de services ne pourraient fonctionner sans les travailleurs turcs ou provenant de l'ancienne Yougoslavie et d'autres pays d'Europe de l'Est. Il existe le même type de difficulté en France avec les travailleurs originaires de l'Afrique du Nord. L'industrie italienne s'appuyait autrefois sur une main-d'œuvre provenant d'une région très pauvre du pays, le Mezzogiorno, mais elle aussi a recours désormais aux travailleurs originaires d'Afrique. L'Espagne, qui a pendant longtemps été une source de travailleurs pour les autres pays européens, fait aujourd'hui venir une main-d'œuvre d'Afrique. Quant à la Grande-Bretagne, elle a alimenté son industrie, et même ses services et nombre de ses commerces de détail, avec une force de travail qu'elle puisait dans les immenses réserves humaines de ses anciennes colonies.

Aux États-Unis, les vagues successives d'immigrants, en provenance d'abord d'Europe, puis d'Asie et d'Amérique du Sud, se sont réparties autant dans l'industrie que dans l'agriculture. Il y aurait aujourd'hui bien peu de fruits et de légumes en Amérique, et l'on trouverait difficilement autant de conserves de tous ordres dans les rayons des magasins américains à des prix aussi attrayants, en l'absence de cette main-d'œuvre étrangère.

Arrivé à ce stade de notre exposé, nous devons relever l'importance d'un fait qui est passé presque inaperçu dans la littérature économique consacrée à ce sujet : le problème que pose la définition du mot « travail ». Il est employé pour caractériser deux aspects radicalement différents, et même totalement opposés, de l'engagement de l'être humain. Le travail peut être quelque chose qui vous apporte une grande joie, qui donne un sens à votre vie et son accomplissement et sans lequel on peut ressentir un sentiment de « ne pas être à sa place », de rejet social, ou au minimum d'ennui. C'est le travail vu sous cet aspect qui définit la position sociale – celle des managers, des financiers, des poètes, des intellectuels, des gens de télévision et même des journalistes. Mais le travail consigne également des femmes et des hommes dans l'anonymat des masses affligées. Ici, il consiste en des efforts musculaires répétitifs et fatigants. On a souvent dit que le bon ouvrier aimait son travail mais cet adage vient le plus souvent des plus rêveurs, de ceux qui n'ont aucune expérience de ce que signifie un travail physique dur et pénible sous la pression du besoin. Le mot « travail » concerne donc des situations très contrastées, et l'on peut douter qu'il existe un autre terme aussi ambigu dans quelque langue que ce soit.

Il faut prendre garde en outre à la question fondamentale, et même vitale, de sa compensation. On peut dire grosso modo que la règle est ici la suivante : ceux qui sont heureux de faire ce qu'ils font, qui trouvent leur travail des plus agréables, reçoivent les plus hautes gratifications financières ; alors que, à l'inverse, ceux pour lesquels le travail est des plus répétitifs et physiquement épuisants ne perçoivent que les salaires les plus bas, voire les plus misérables.

Un des caractères fondamentaux de la bonne société est, comme nous l'avons déjà souligné, sa capacité à soutenir la promotion économique et sociale de ses membres. La principale incitation consiste à permettre à ceux qui viennent du « travail réel » d'accéder à ce que l'on pourrait appeler simplement le travail. Ce processus crée alors une sorte de « vide » à la base de la pyramide sociale qu'il est essentiel qu'un service d'immigration efficace puisse combler. Il y a donc une nécessité de constant renouvellement de la force de travail dans le domaine du labeur monotone et sans prestige. Or, ce renouvellement ne peut venir que de ceux qui désirent échapper aux conditions encore plus inhumaines des pays pauvres ou de ceux qui sont sans aucun travail. Pour tous ceux-là, les salaires les plus bas et les tâches les plus pénibles, qu'ils trouveront dans les pays les plus riches, sont encore bien préférables au « rien du tout » de leurs pays d'origine.

L'immigration qui découle de ce phénomène n'est pas exclusivement une affaire d'ordre international. On a déjà évoqué le cas de l'industrie de l'Italie du Nord par rapport à la main-d'œuvre pauvre de l'Italie du Sud. On peut encore citer le cas d'un mouvement migratoire encore plus impressionnant, à savoir celui des pauvres des Appalaches, à l'est des États-Unis, et des ouvriers agricoles du Sud, vers les régions industrialisées du Nord. Cette migration ne s'est pas faite sans réaction. L'arrivée des Noirs et des pauvres Blancs dans les grandes cités du Nord a créé des tensions sociales importantes et elle a donné lieu à des commentaires agressifs.

La réaction contre les immigrants (ou contre les déplacements d'habitants de régions pauvres vers les régions riches dans un même pays) provient en partie de la croyance ou, dans quelques cas, de l'assertion que les nouveaux venus vont prendre les emplois des ouvriers qui étaient là avant eux. Le fait que la plupart de ces immigrants, si ce n'est la totalité, acceptent les emplois que les ouvriers du cru refusaient n'est pratiquement jamais mentionné. Une autre forme de réaction négative, plus culturelle, est d'ordre ethnique ou social : on considère que les nouveaux arrivants amènent avec eux des cultures différentes, et en général connotées comme inférieures, en ce qui concerne la race, la religion, la famille, l'hygiène ou les droits civiques. Ces apports culturels non désirés sont alors estimés comme une atteinte à l'intégrité de la communauté.

De tous les pays industrialisés, les États-Unis se sont montrés, dans le passé, comme le plus tolérant sur le plan social vis-à-vis des immigrants. Une littérature importante et convaincante a plaidé en faveur de la contribution des immigrants à la création de la société américaine. C'était l'affirmation de la nature bienfaisante du *melting pot*. Mais cette attitude ne s'appliquait qu'aux anciens immigrants. Car, pour ce qui concerne les immigrants actuels, on assiste à la naissance d'un comportement fortement négatif qui se manifeste tant par le discours politique que par des législations discriminatoires ou encore, à certains moments, par des explosions d'hostilité de toute la communauté. Et ce phénomène se produit, à des degrés divers, dans tous les pays économiquement avancés.

Le cas extrême, et par bien des aspects très spécial, de la résistance à l'immigration est le Japon. Ici, l'insularité et le sens aigu de l'identité culturelle se sont combinés pour limiter le flux des immigrants. Dans un avenir plus ou moins proche, cette opposition à l'immigration pourrait endiguer le développement industriel japonais en ignorant les besoins urgents de celui-ci en main-d'œuvre prête à effectuer le « travail réel ». On peut déjà percevoir des signes de cette situation avec la pénurie systématique de main-d'œuvre dans certains secteurs et la montée d'une immigration informelle ne jouissant d'aucune reconnaissance légale.

Il serait, bien entendu, tout à fait erroné de confiner le problème de l'immigration aux seules considérations sur les masses laborieuses – c'est-à-dire celles qui recherchent le « travail réel ». Dans une communauté élargie aux dimensions du monde, il existe désormais des liens étroitement imbriqués entre les affaires, la finance, les arts, la littérature, les loisirs et l'univers intellectuel et scientifique. On assiste donc à des échanges de plus en plus nombreux et importants entre les compétences des sphères de l'économie, de l'université et de la culture.

Ici encore, l'opinion publique fait la différence entre le « travail » et le « travail réel ». L'immigration de ceux qui disposent d'atouts sociaux, culturels et économiques ne rencontre aucune objection sérieuse. Tout au contraire même, on se félicite généralement de leur arrivée et ils ne sont l'objet que de très peu de contraintes légales. Et comme le rappelle ce vers de Cockney : « C'est le pauvre qui remporte le blâme. »

Comment, étant donné la diversité et l'ampleur du problème, la bonne société peut-elle trouver une solution ?

La bonne société doit admettre que deux objectifs aussi valables et aussi importants l'un que l'autre entrent ici en conflit. (On peut d'ailleurs constater une situation qui n'est pas sans rapport avec ceci dans les principes d'assistance sociale concentrée sur l'État moderne et l'internationalisation croissante de la vie économique, sociale et culturelle.) Pour les pauvres du monde entier, l'émigration est la façon la plus évidente d'échapper aux privations et aux souffrances. Or tout ce qui concerne l'être humain, où qu'il soit, devrait, ou doit, être de l'affaire de tous. C'est pourquoi le pauvre des pays les plus démunis devrait pouvoir bénéficier lui aussi des opportunités et des joies des sociétés les plus favorisées.

Mais dans le même temps, les pouvoirs publics ont à remplir,.à n'en pas douter, un certain nombre de devoirs envers leur propre peuple – emploi, assistance sociale, santé et beaucoup d'autres choses encore. Les obligations plus larges qui sont nées avec la mondialisation doivent donc être conciliées avec celles qui existent au plan local, c'est-à-dire ici au niveau de la nation.

La solution du conflit qui oppose ces intérêts divergents doit alors s'inscrire dans un cadre qui stipule l'acceptation et l'encouragement de l'arrivée d'un flux constant d'immigrants. Ces derniers travailleront dans leur propre intérêt mais aussi dans l'intérêt du pays d'accueil. Puisque l'on a déjà reconnu et célébré les immigrants dotés d'un grand talent, il est devenu important et même urgent, et ce n'est d'ailleurs que la marque d'un comportement civilisé, de reconnaître et de célébrer de la même façon les immigrants qui viennent ici pour effectuer le « travail réel ».

Nous croyons utile d'insister plus particulièrement sur ce dernier point. La tendance qui veut que l'on considère l'immigrant pauvre comme un intrus, voire comme un fardeau, doit être vivement combattue par la bonne société. Elle doit percevoir en effet ce dernier dans l'optique de ce qu'il apporte comme service à la communauté. On se doit de bien comprendre et d'admettre que la vie dans les pays industrialisés serait plus difficile sans un apport constant de main-d'œuvre étrangère pour remplir les fonctions les plus rébarbatives et les plus pénibles. Ceux qui arrivent ainsi pour faire face à ces besognes les plus pénibles doivent être en conséquence à la fois bien accueillis et encouragés. Ils doivent aussi, mais cela va sans dire, ne rencontrer aucune discrimination ou hostilité fondées sur la race, la couleur, la langue ou la culture.

Leur venue constitue donc un puissant moteur pour renforcer le mouvement de promotion sociale que l'on a déjà évoqué et qui joue un rôle particulièrement important dans la succession des générations. On doit donc souligner le point capital de ce processus : une politique libérale d'immigration sert, dans la bonne société, ceux qui cherchent à venir ; mais elle sert non moins sérieusement ceux qui sont déjà là.

Une question importante reste encore à examiner. Étant donné la responsabilité de l'État sur sa propre force de travail, l'immigration devrait-elle être placée sous son seul contrôle ?

La réponse pratique est affirmative. Il ne peut y avoir de limitations sérieuses au niveau des migrations, à l'intérieur d'un même pays ou au plan international, en ce qui concerne ceux qui appartiennent aux classes sociales les plus élevées – c'est-à-dire à l'immigration des écrivains, des artistes, des scientifiques, des ingénieurs, des athlètes et, puisqu'il s'agit de talent, de ceux qui ont un rôle conséquent dans les affaires ou même dans les loisirs. Mais on doit aussi laisser la porte ouverte à ceux qui fuient la répression politique, comme c'est aujourd'hui, en principe, le cas. Il ne doit y avoir, répétons-le encore une fois, aucune discrimination, explicite ou implicite, quant à l'identité ou la race.

Mais en ce qui concerne ceux qui viennent pour effectuer le « travail réel », c'est-à-dire les travaux les plus pénibles des pays riches, il ne peut faire de doute que leur entrée est subordonnée à l'existence d'emplois disponibles. Aucun pays ne peut se permettre d'être écrasé par le fardeau d'un surnombre d'immigrants par rapport à l'offre d'emplois disponibles pour eux. Certains pays, la Suisse étant l'exemple de celui qui a le mieux réussi dans ce domaine, ont organisé leurs politiques d'immigration pour prévenir cette situation et ils y sont parvenus avec succès. Le cas des États-Unis est un peu particulier, car il est beaucoup plus difficile. Il n'est pas sûr en effet qu'un tel calcul soit possible étant donné les capacités statistiques des services spécialisés et que, d'autre part, les pouvoirs publics soient à même de pouvoir rendre étanches les frontières, notamment celle avec le Mexique. A la frontière mexicaine, les ouvriers étrangers peuvent avec un minimum d'effort et de persévérance organiser leur entrée sans subir les contraintes des autorités de l'immigration. A l'instar de beaucoup d'autres questions touchant la bonne société, et peut-être qu'ici également le mieux est l'ennemi du meilleur, la politique d'immigration ne peut atteindre la perfection. Et il n'est pas assuré que l'on puisse approcher d'un tel but, comme d'aucuns l'ont déjà fait remarquer dans un grand nombre des analyses modernes sur le sujet, en niant tous les avantages, y compris l'éducation, de ceux qui sont déjà installés.

La grande réponse est donc pour la bonne société de reconnaître le rôle bénéfique de l'immigration en général et d'agir en conséquence. La communauté nationale est enrichie par les cultures étrangères et par les échanges d'idées et de talents que permet une politique libérale d'immigration. On n'oubliera pas non plus les avantages économiques spécifiques que représentent, pour les pays riches, les flux de main-d'œuvre venant des pays pauvres afin d'y effectuer le « travail réel » que, dans un monde d'abondance, tous, à l'exception de quelques excentriques notoires, cherchent à fuir.

13

L'autonomie du pouvoir militaire

Dans la politique moderne, les critères de la vie publique, à l'instar des contraintes sociales qui régissent les actions des particuliers, sont le résultat de processus et de décisions démocratiques. Cette situation est loin d'être parfaite ou paisible. Chaque jour, la presse et les médias se font l'écho des pressions et des conflits politiques qu'elle génère et des méthodes utilisées pour les résoudre. Il faut évoquer en outre un problème de première importance lorsque l'on aborde ces thèmes. Les critères de la vie privée bénéficient du soutien enthousiaste et sans condition, parfois même impitoyable, constitué par le discours de tous les vendeurs, publicitaires et spécialistes de la promotion des biens et services. En revanche, les critères de la vie publique – écoles, parcs, bibliothèques, palais de justice, transports en commun, etc. – n'ont aucune sorte d'appui de cette sorte. La conséquence de ce phénomène – que tout le monde peut constater – est une télévision opulente et des écoles indigentes, des maisons propres et des rues sales – c'est ce que j'ai dénommé autrefois l'abondance privée et la misère publique. Mais il y a, dans le processus même de l'allocation des ressources publiques, une source d'erreurs particulièrement grave. C'est au niveau de la répartition qui est faite entre les besoins militaires et les besoins civils, et cette difficulté est la manifestation d'un échec sérieux dans le processus démocratique.

Aux États-Unis, les décisions concernant les dépenses publiques résultent d'une combinaison entre le pouvoir exécutif et le pouvoir législatif. Le facteur décisif dans toute action publique est l'argent qui est ainsi mis en jeu. L'essentiel de cette procédure est défini par la loi. Si l'argent n'est pas disponible, il ne se passe pas grand-chose et tout s'arrête. Tant le pouvoir exécutif que le pouvoir législatif sont à leur tour soumis au contrôle des citoyens par les élections. La force déterminante de l'argent est ainsi la démonstration directe et réelle de l'autorité démocratique. C'est du moins ce que l'on admet en général.

Il existe en fait une exception majeure à l'exercice du contrôle démocratique et cette exception, c'est le pouvoir militaire. On a souvent rencontré ce phénomène dans d'autres pays, ceux notamment qui appartiennent à ce que l'on appelle le tiers monde. Mais, dans notre exposé, nous allons traiter des États-Unis qui nous apparaissent sur ce point constituer un exemple très clair pour notre propos. L'establishment militaire américain décide en effet indépendamment et effectivement de son propre budget, du montant et de l'emploi de l'argent qu'il reçoit.

L'exécutif accepte de façon routinière les appels de fonds publics présentés par le pouvoir militaire. Il est tacitement admis que les civils, qui ont pourtant l'autorité nominale, n'osent pas se frotter sérieusement aux militaires. Il y a là une force contre laquelle ni les responsables du budget fédéral, ni les hauts fonctionnaires du ministère des Finances, ni même le président des États-Unis, n'entendent lutter. Mais ce processus est si bien connu de tous qu'il n'est guère sujet à discussion.

Le pouvoir des militaires – qui se traduit par leur capacité à exprimer leurs besoins et à recevoir les financements exigés – est encore plus évident dans le cadre des instances législatives. A ce niveau, le budget militaire est, à quelques détails mineurs près, automatiquement voté et ce, du moins à l'heure où nous écrivons ces lignes, en forte croissance. On considère même que le détail de certaines dépenses militaires – opérations de renseignements, armements sophistiqués – n'a pas à être révélé à la plus grande partie des membres du corps législatif.

Important est également le rôle que joue au Congrès le pouvoir financier et politique qui soutient les industries d'armement. Les élus du peuple ne votent pas facilement contre les emplois que les fabriquants d'armes représentent dans leurs fiefs électoraux. L'idée d'un acte patriotique fort est peut-être encore plus importante pour justifier le soutien inconditionnel aux forces armées. L'autorité de l'establishment militaire s'est donc fortement implantée aux États-Unis et ce, personne ne peut le contester.

Si l'on estime que le pouvoir pour obtenir les fonds souhaités ne peut être mis en question et qu'il est également impossible de lui demander la moindre explication sur l'utilisation de ces fonds, on a bien ici la définition du pouvoir absolu. Le contrôle démocratique a bien été délibérément écarté. Cette situation est aujourd'hui, sans exagération aucune, celle du pouvoir militaire aux États-Unis. Les ressources réclamées par les militaires ne sont pas du tout, comme cela est d'ailleurs reconnu par tous les spécialistes, déterminées par les besoins. De distingués anciens officiers de la marine et de l'armée de terre, et tout particulièrement ceux qui sont associés aux travaux du Center for Defense Information, mettent régulièrement en question la nécessité de nouvelles armes ou de nouveaux régiments. La fin de la Guerre froide apporte à ce propos une preuve impressionnante, car elle n'a pas affecté la croissance continue des demandes de financement du pouvoir militaire, ni le soutien que l'exécutif et le législatif ont pu leur apporter pour leur fournir ces financements.

A travers les siècles et dans un grand nombre de pays, on a exalté le rôle de l'autorité militaire. Les armes et les hommes disciplinés qui s'en servent ont toujours été vus comme menaçant le contrôle civil. De cet état de choses découle la désignation du président, un civil, comme chef suprême des forces armées. Car ceux qui eurent à constituer le cadre constitutionnel des États-Unis étaient beaucoup plus sensibles que nous à ce sujet. Le pouvoir militaire d'aujourd'hui (et son influence sur ses propres ressources financières et sur l'emploi qu'il désire en faire) a conduit, et de façon substantielle, vers la situation que les Pères fondateurs avaient le plus redoutée.

Cette situation n'est pas l'apanage des États-Unis. En Amérique centrale comme en Amérique du Sud, et bien plus encore en Afrique et en Asie, les forces armées ont été, et dans beaucoup d'exemples demeurent encore, indépendantes du contrôle civil incarné par les institutions démocratiques. Et dans maintes occasions, elles l'ont même remplacé. Les États-Unis, qui sont tombés dans le piège de dépenses militaires indépendantes des véritables besoins des armées, ont développé ainsi un regrettable aspect tiers monde. Ils ont succombé presque totalement à ce que Dwight D. Eisenhower, généralissime des armées américaines et président républicain, avait lui-même appelé à combattre, à savoir l'émergence d'un puissant complexe militaro-industriel indépendant.

La bonne société ne doit pas concéder l'autorité au pouvoir militaire. Ce n'est certes pas à cause du risque, bien réel dans les pays plus défavorisés, que les militaires renversent les instances civiles. La structure politique des États-Unis, comme celle des autres pays industrialisés, est bien trop solide pour qu'un tel événement puisse se produire. C'est parce que le pouvoir militaire moderne n'est pas soumis à l'intérêt du grand public de façon aussi pressante et solennelle qu'on le dit. Il est gouverné par ses propres intérêts qui peuvent devenir très préjudiciables aux besoins et aux objectifs des citoyens.

L'influence perverse du pouvoir militaire américain sur la politique se révéla particulièrement au début des années 90. A cette époque, l'effondrement du communisme et la désintégration de l'Union soviétique provoquèrent un énorme besoin de financement au niveau international afin de faciliter la transition entre les anciens régimes communistes et quelque chose devant ressembler plus ou moins à une économie de marché. Une telle aide avait été mise en place, dans des circonstances bien plus faciles, avec le plan Marshall pour aider l'Europe après la Seconde Guerre mondiale à retrouver les bases d'une économie de paix. Nombre de souffrances et de désordres politiques ont été ainsi atténués, voire évités. C'est encore ce qui aurait dû se produire dans l'ancienne Union soviétique et ses ex-pays satellites. Au lieu de cela, le pouvoir militaire aux États-Unis réclama encore plus de fonds publics pour faire face à une menace qui avait, comme tout le monde l'avait admis, disparu. L'aide indispensable qu'auraient dû recevoir les anciens pays communistes n'a donc jamais pu atteindre les volumes qui auraient été nécessaires.

De la même façon, sur le plan intérieur, il y avait, et il y a toujours, les demandes insistantes pour venir en aide aux pauvres et aux plus déshérités, et ce en particulier dans les grandes villes. Quelles qu'aient été les menaces étrangères passées, il y avait, et il y a encore, un danger pour la paix intérieure du fait d'explosions de violence. Le pouvoir militaire continue à contrôler pour son propre compte les ressources financières qui seraient si utiles pour surmonter la crise des grandes villes grâce à l'institution d'un revenu minimum, à la création d'emplois et à l'aide au logement et aux victimes de la drogue.

Nous avons affaire ici sans doute à l'une des atteintes les plus graves et les plus évidentes aux critères de vie dans une bonne société. Nous devons toujours être très vigilants, comme nous l'avons déjà souligné, sur toutes les formes de dépenses publiques, et ce tout particulièrement quand leur initiative revient à des gens puissants et nantis. Personne ne peut sérieusement douter que, dans les services et les divers établissements publics, il existe une tendance bien établie en faveur des plus riches. Mais l'armée et ses besoins spécifiques doivent être considérés comme le cas limite. Pour tous ceux qui cherchent à établir une bonne société, la priorité doit être de faire repasser sous le contrôle des instances démocratiques le pouvoir militaire qui est devenu à l'heure actuelle pratiquement autonome. Pour ce faire, les actions et le discours politiques doivent être des plus inflexibles et des plus énergiques.

L'intrusion du militaire dans l'économique et le politique modernes, ses exigences sur les ressources publiques, ne sont pas le fait d'individualités. Certes, de temps à autre, des hommes inhabituels apparaissent et parviennent à des sommets dans la hiérarchie militaire – chefs de l'état-major des armées alliées, ou commandants sur un quelconque champ de bataille bien éloigné de chez nous. Mais le pouvoir des militaires vient du pouvoir d'une organisation, d'une organisation de masse. Celle-ci peut avoir un caractère, des buts et des exigences en matière financière qui transcendent de loin l'autorité d'un seul homme. En d'autres termes plus communs, il s'agit là d'une bureaucratie dont l'establishment militaire est, à maints égards, le cas extrême. Le rôle de cette bureaucratie et de son pouvoir dans la bonne société, ainsi que les nombreux conflits qu'elle génère, sera le thème du prochain chapitre.

14

Le syndrome bureaucratique

L'organisation, avec ses pouvoirs, et, trop souvent également, avec ses faiblesses, est un des traits fondamentaux de la vie moderne. Elle rassemble des individus dans une structure hiérarchisée de commandement et de coopération qui tend à un but commun. Elle représente la forme indispensable de l'action efficace dans tous les aspects de notre monde contemporain. Dans le secteur public, c'est l'administration et, dans le secteur privé, la grande entreprise.

Nous exposerons ici quelques critiques et commentaires sur les organisations publiques et privées. L'administration est régulièrement condamnée sous le vocable de « bureaucratie », le terme prenant une nuance très péjorative. Les fonctionnaires dévoués, intelligents et loyaux sont souvent dénigrés sous le nom de « bureaucrates ». Les mêmes termes sont également utilisés, si ce n'est aussi agressivement, pour traiter l'appareil administratif des grandes entreprises dans son aspect le moins efficace. La bonne société doit savoir identifier, et lutter contre, ce qui est devenu un syndrome bureaucratique tant dans le secteur public que dans le secteur privé. Ses principaux défauts sont au nombre de deux, chacun ayant une existence en grisé.

La première et la plus évidente des tendances perverses d'une organisation, et surtout des grandes organisations, vient de ce que la discipline finit par remplacer la réflexion. La discipline est incontournable. Elle doit être acceptée volontairement comme le seul moyen d'atteindre un but en commun, car c'est elle qui fait l'efficacité, et même qui garantit l'existence, d'une organisation.

Ne fait-on pas l'éloge de celui qui s'y conforme pleinement en disant – métaphore combien révélatrice – qu'il est un « bon soldat » ! Dans le même temps, il ne fait pas de doute que les formes de réflexion créatrice sont supprimées et souvent remplacées par le processus disciplinaire. Dans ces conditions l'homme ou la femme capable d'une certaine indépendance de vue – celui ou celle qui sait identifier la faiblesse ou l'erreur, qui sait voir ou prévoir la nécessité du changement – peut très bien être considéré(e) comme non coopératif, irresponsable et même excentrique. Selon une des expressions favorites de l'administration américaine, il, ou elle, « n'est pas utile ». Dans toutes les organisations, il y a donc toujours ce conflit de fond entre, d'une part, le besoin très pratique d'acceptation participante des procédures établies et des buts définis et, d'autre part, la nécessité de mettre en question ces procédures et ces buts pour déceler les erreurs et les changements souhaitables. Et il faut encore noter la capacité à mettre en œuvre ces changements et à étudier leurs effets.

Ce conflit, comme nous venons juste de l'observer, existe tant dans le secteur public que dans le secteur privé. Dans le cas des ministères et des administrations, on connaît bien la tendance à l'immobilisme. Bon nombre de ceux qui évoquent dans la vie quotidienne la bureaucratie ou les bureaucrates y associent en général une connotation péjorative. Elle reflète une attitude négative envers le service public qui est vu, en outre, par ceux qui lui adressent ces critiques, comme générant des effets politiques pervers et des coûts discutables. Mais ces termes peuvent encore décrire des actions obsolètes, inadéquates ou incompétentes. C'est l'une des tâches de la bonne société que de savoir faire la distinction entre ces différentes situations.

C'est tout particulièrement le cas de la politique étrangère que nous évoquerons dans notre prochain chapitre. Aux États-Unis, le département d'État mais également jusqu'à un certain point l'Agence centrale de renseignements (CIA) et le Pentagone définissent non pas la législation, ni les services ou les programmes publics, mais la politique. Cette situation demande et requiert, à son tour, la certitude du bien-fondé de ce que l'on entreprend. La certitude est essentielle, sans elle la conduite du politique serait impossible. Mais alors que les circonstances déterminantes changent, la certitude, lorsqu'elle a été établie par la tradition et l'histoire, demeure. La militarisation de la politique étrangère américaine dans les années 50 devait conduire dans les décennies qui suivirent à des mésaventures aussi désastreuses que celle de l'avion U-2 au-dessus de l'Union soviétique, à la baie des Cochons, à la paranoïa du communisme en Amérique centrale (et à Cuba) et à la guerre du Vietnam. Toutes choses que l'on a héritées de la rigidité de l'administration et de ses certitudes.

Dans la grande entreprise moderne, le syndrome bureaucratique manifeste déjà sérieusement sa présence. Une culture confortable et disciplinée, qui prend souvent son appui sur les succès du passé, remplace la nécessité du changement et de l'innovation. Aux États-Unis la sidérurgie, l'automobile, l'informatique, le transport aérien et la grande distribution ont apporté de formidables exemples de cette tendance dans les dernières années. Les autres pays industrialisés connaissent le même phénomène. A la différence de l'organisation publique, l'entreprise privée peut, toutefois, être l'objet du choc des effets d'un traumatisme financier. Elle peut tomber en faillite et disparaître de la vie économique, elle peut passer sous le contrôle d'une autre entreprise, qui réussit mieux dans ses affaires, elle peut être contrainte par des menaces financières extérieures à devoir se réorganiser. Mais l'immobilisme bureaucratique est un caractère omniprésent dans toutes les grandes organisations publiques ou privées.

Le second point que nous voudrions aborder, et qui est un trait commun à toutes les organisations, concerne un sujet que nous avons déjà effleuré : la dynamique interne qui conduit à une prolifération sans limites du nombre des managers et des employés. Les circonstances qui déterminent la politique des ressources humaines dans les deux secteurs de l'économie moderne sont simples et parfaitement évidentes. Mais elles demeurent en général assez confidentielles, et ce avec le consentement tacite des intéressés. Il y a d'abord le désir de tout un chacun disposant d'une certaine position hiérarchique d'avoir sous ses ordres un nombre de subordonnés suffisant. Les subordonnés manifestent à leur tour la volonté d'avoir sous leur contrôle quelques assistants. La spécialisation a contribué grandement à ce phénomène. On a besoin d'autant de personnes que l'on traite de sujets spécifiques qui réclament les compétences adéquates. Tout ce processus possède en outre, comme nous l'avons souligné, sa propre dynamique interne.

Mais il y a encore pire. Il faut bien reconnaître que, pour beaucoup, le fait même d'avoir sous leurs ordres de nombreux subordonnés affichant tous les signes de la déférence constitue à la fois la réalité et le plaisir du pouvoir. Par ailleurs, le prestige dans les organisations est également associé au niveau de la rémunération. Or, le moyen le plus habituel pour mesurer la valeur d'un individu est le nombre de personnes qu'il a sous ses ordres. L'adjonction de nouveaux subordonnés a donc pour effet de renforcer, de façon tangible, le prestige et le montant de la fiche de paye.

On a bien sûr tenté de circonscrire le développement de ce processus. C'est à cette fin que l'on a mis en place des budgets et que l'on a imposé des limites à ces budgets. Mais cette démarche peut demeurer dans bien des cas purement symbolique. Dans la plupart des grandes organisations, il existe ainsi une forte, voire une irrésistible, tendance à l'accroissement des managers, des techniciens, des spécialistes de toute nature et des autres employés. Ce n'est que lorsque l'on atteint le dernier maillon de l'entreprise industrielle – ce que l'on nomme de façon si révélatrice le niveau opérationnel – que la dynamique de la prolifération interne des subordonnés se trouve endiguée. Ce n'est qu'à ce niveau – celui des ouvriers travaillant à la chaîne, des employés de bureaux – que l'on rencontre la réclamation constante d'augmentation des ouvriers voués à la production.

C'est de cette merveilleuse tendance perverse du comportement économique qu'il apparaît que ce sont souvent les effets qui sont plus visibles que les causes. C'est bien le cas ici. Dans le secteur privé, la croissance auto-entretenue du personnel, que nous venons juste de décrire, coule, à travers le temps, paisiblement sa propre vie. Soudain, après que tout le monde a pris conscience du processus, vient l'effet : un programme, à répétition (et accompagné souvent d'une bonne dose de publicité), de licenciement d'employés non fonctionnels. Ces efforts – que l'on dénote généralement par le terme pudique de « restructuration » et jamais franchement de « mise à la porte » – sont régulièrement repris dans les colonnes de la presse financière. Personne ne demande jamais ce que les gens ainsi licenciés faisaient auparavant dans l'entreprise, ni pourquoi ils avaient été rajoutés à la structure de l'organisation ou même comment cette organisation va désormais fonctionner sans eux. Et personne ne parle, ou très rarement, du désastre personnel qui s'abat sur ceux qui sont ainsi licenciés, du fait que beaucoup d'entre eux vont avoir à supporter la dureté des périodes de chômage, sans compter la détresse morale de se retrouver ainsi dénoncés comme « inutiles ».

Les organisations publiques – comme le Pentagone, le State Department, le Commerce Department et bien d'autres – ont cette même tendance à la prolifération des personnels non fonctionnels. L'organisation demeure une organisation où qu'elle se trouve et sous quelques auspices qu'elle soit placée. La grande question est alors comment la bonne société doit réagir devant une telle situation.

Il n'existe pas de méthode miracle. La solution est d'accepter que l'immobilisme de la bureaucratie et la prolifération d'un personnel qui est loin d'être nécessaire sont les défauts majeurs et imparables de toute organisation. Il faut donc que les institutions caritatives, les collèges et les universités, les administrations, les syndicats et toutes les grandes organisations soient pleinement conscientes de ces grandes tendances et constamment en lutte contre elles.

L'entreprise privée a certes la grande chance, comme nous l'avons déjà évoqué, que l'incompétence sur le plan de la concurrence – ce que nous pourrions peut-être appeler la solution General Motors-Ford – peut contraindre à un besoin de réforme. Les pertes financières, la menace de faillite possèdent ainsi des effets salutaires. La prospective créative présente ici un avantage évident en prévenant le désastre qui résulterait des forces du marché. Il y aurait sans doute une certaine décence sociale à mettre en œuvre une démarche cohérente qui puisse éviter ces « restructurations » à répétition pénibles pour tous en veillant à ne pas recruter du personnel dont on n'a pas réellement besoin.

Le cas des administrations est plus délicat. Ici, ni l'engagement institutionnel et bureaucratique en faveur de la politique établie, ni la prolifération d'un personnel inutile ne reçoivent la sanction que l'on a évoquée dans le cas de l'organisation privée. Puisqu'il n'y a pas cette sanction du marché, la solution paraît reposer sur les capacités d'un management efficace et bien informé à mettre en œuvre les changements qui lui semble nécessaires. En général, comme nous l'avons déjà fait observer, les attaques contre la bureaucratie et les bureaucrates du secteur public sont une forme de couverture pour masquer l'opposition dont on fait preuve à l'encontre de tel ou tel service, de telle ou telle loi, ou encore pour les coûts en jeu. Mais les problèmes inhérents au syndrome bureaucratique existent bien entendu dans l'administration comme dans n'importe quelle grande organisation. Leur solution repose entre les mains des têtes de file des pouvoirs exécutif et législatif. Cette solution est une condition *sine qua non* de l'efficacité du travail de la bonne société.

15

La politique étrangère : la dimension sociale et économique

Le dernier objectif de la bonne société est dans le domaine de la politique étrangère. Ici, elle doit chercher une paix durable entre les nations. Rien n'est plus important, car rien n'est aussi porteur de chagrin, de privation et de mort que les conflits militaires. La guerre conduit les jeunes, et aujourd'hui à l'âge nucléaire même les anciens, à leur brusque et certaine destruction et au désespoir profond, même s'il est masqué, de vivre dans l'attente de cet ultime rendez-vous. Dans le royaume de l'intelligence humaine, peu de sujets ont été aussi violemment controversés à travers les temps que celui de la justification de la guerre et des entreprises belliqueuses. Et rien n'a ignoré aussi superbement la nécessité du progrès humain au cours du siècle qui s'achève que les deux grandes guerres européennes, la grande guerre du Pacifique et, dans une moindre mesure mais avec autant de cruauté, les guerres de Corée et du Vietnam. Elles ont été les exceptions désastreuses dans le mouvement qui devait conduire à une bonne, sinon à une meilleure, société. La prévention de telles tragédies de masse est, avec la recherche d'une solution au problème des pauvres de la planète, la tâche la plus urgente de toute société qui a pour volonté de défendre et de protéger l'humanité.

Les succès d'une bonne société dans le domaine économique sont fondamentaux pour l'établissement de relations pacifiques tant sur son territoire qu'avec les autres nations. Ils sont indispensables à la paix et à la tranquillité entre les États. Ils pèsent de tout leur poids dans ces relations et ce de façon croissante, comme nous allons le démontrer. Mais ce n'est pas tout. Il faut encore contrer et démentir le vieux préjugé qui veut que la guerre soit un aspect inévitable de l'existence des hommes, avec pour principale conséquence la demande d'armements militaires toujours plus destructeurs. De là découle, et c'est loin d'être une incidente, le plus grand scandale de notre temps – le commerce des armes avec les pays pauvres qui sert à asseoir régulièrement et avec constance le pouvoir militaire dans ces pays alors que leurs besoins vitaux comme les aliments de première nécessité, les soins médicaux ou l'éducation ne sont même pas couverts.

On doit encore remarquer l'importance vitale du conflit qui existe entre, d'une part, les responsabilités sociales et économiques des États dans les sociétés les plus favorisées et, d'autre part, l'internationalisation croissante de l'économique et du politique.

Dans les affaires publiques, le choix le plus facile est celui qui doit se faire entre ce qui est évidemment juste et ce qui est vraisemblablement injuste. Et l'on doit également définir d'un commun accord une conduite à tenir lorsque ces deux voies conduisent immanquablement à des effets pervers. Il faut alors savoir accepter la situation, voire les souffrances qu'elle engendre. La difficulté apparaît lorsque les deux termes de l'alternative semblent avoir des conséquences également bénignes. Chacun trouve alors ses avocats passionnés. Il y a toujours une bonne dose de vertu chez les avocats. Celui qui croit avoir absolument raison est peu disposé à écouter le discours de son contradicteur, et ce tout particulièrement si ce dernier est également persuadé d'avoir raison. C'est le cas lorsque l'on discute du rôle de la souveraineté des États par opposition au bienfait qui résulterait d'une communauté les rassemblant. Les deux démarches sont envisagées également pour le bonheur commun et, comme les partisans des deux courants sont convaincus d'avoir raison, le conflit est inévitable entre eux.

A travers le siècle dernier, les initiatives sociales et la poussée de l'Histoire se sont associées pour accroître grandement les responsabilités sociales et économiques de l'État dans les pays les plus favorisés. On a déjà ici évoqué les principaux points de cette évolution : la sécurité sociale pour les gens âgés ; des aides pour les chômeurs ; l'assistance santé et, bien que ce soit encore un sujet fortement controversé aux États-Unis alors qu'il s'est imposé presque partout ailleurs, la réglementation des conditions de travail, et ce notamment en ce qui concerne les femmes et les enfants ; un salaire minimum garanti ; un soutien sérieux à l'enseignement et à la recherche ; la protection des prix agricoles, car les paysans sont tributaires des conditions très rigoureuses du marché dans leur profession.

Par ailleurs, comme nous l'avons déjà à plusieurs reprises souligné, les pouvoirs publics ne peuvent demeurer dans l'immobilisme lorsque les tendances à long terme de l'économie de marché relèvent des performances imparfaites ou douloureusement inadaptées. L'inflation, la récession et le chômage ne sont plus désormais endurés comme des phénomènes inévitables. Les pouvoirs publics sont tenus pour responsables, et ce même s'il faut bien avouer que les solutions à ces problèmes sont en partie hors de leur compétence. Il n'existe aucun pays au monde où les représentants du peuple désirent se retrouver devant leurs électeurs au moment où les temps sont difficiles sur le plan économique. Aucune autre considération, dans les moments de campagne électorale, n'est perçue comme aussi importante et décisive.

Ce phénomène doit être perçu comme un bien. Le capitalisme, dans sa version originale des XVIIIe et XIXe siècles, était un système cruel qui n'aurait certainement pas survécu aux tensions sociales et aux attitudes révolutionnaires qu'il avait générées si l'État n'était intervenu pour adoucir et améliorer la situation. Dans les dernières années, on a, en revanche, assisté un peu partout à la montée d'un style de discours violent provenant de ceux que l'on appelle des nantis ou s'adressant à ces derniers, dont le propos était de regretter et même de condamner les interventions de l'État. Et pourtant ceux qui propagent de tels discours ne se rendent pas compte que l'agrément de leur vie tient justement à ces interventions des pouvoirs publics.

Le développement économique se révèle comme une étroite association des peuples et des institutions dans les pays hautement industrialisés. Ce phénomène comprend le commerce international sur lequel il y a eu tant d'analyses, sans oublier la finance internationale – les flux de fonds d'investissement (ou de spéculation) d'un pays à l'autre – sur laquelle on trouve également de nombreuses discussions. Il y a encore les grandes entreprises modernes transnationales qui passent sans difficulté à travers les frontières. Le développement économique contemporain offre encore bien d'autres caractéristiques. Les voyages, la recherche scientifique, la littérature, le théâtre, les loisirs, l'enseignement connaissent de plus en plus un essor en dehors des frontières d'une seule nation, et ce la plupart du temps sans que rien ait été organisé spécifiquement dans ce but. De tout cela, celui qui sait apprécier les leçons de l'Histoire ne peut que se réjouir. Au cours de la dernière moitié du XXe siècle, cette évolution pleine d'espoir est venue s'opposer aux terribles misères et à la mort des guerres que la première moitié du siècle avait connues. On peut désormais supposer que les pays les plus favorisés de la planète pourront vivre en paix du fait de l'internationalisation de leur vie économique, sociale et culturelle. Tous ceux qui ont connu les désastres que l'on vient d'évoquer ne peuvent que se réjouir de cette tendance.

Mais dans notre monde moderne, il existe une autre dialectique. L'État qui a pris en charge la direction de l'économie et qui s'est engagé dans la voie du bien-être de tous est évidemment une bonne chose – c'est même inévitable. Et il en est de même de l'internationalisation de l'économie, de la culture et des autres sujets de ce genre. Il existe toutefois entre ces deux conceptions, ou du moins il semble exister, une divergence profonde. L'internationalisation de la vie économique devrait, c'est à craindre, menacer les systèmes de protection sociale mis en place dans chaque nation. Elle devrait menacer encore l'identité sociale et culturelle, comme expression de la personnalité nationale d'un pays et même du patriotisme auquel est attachée, obligatoirement, une grande partie de la population. L'ensemble de ces attitudes constitue une défense solide de l'État.

La menace économique qui découle de la globalisation, comme on l'appelle encore, semble être une des plus aiguës. Les pays qui disposent de meilleures conditions au plan social et à celui du travail entrent en concurrence avec des pays où les salaires sont plus bas, la protection sociale quasi inexistante pour les plus démunis, et qui peuvent donc afficher des coûts de production très inférieurs. Dans le cadre de cette situation, les grandes entreprises transnationales peuvent facilement passer d'un pays à l'autre selon leurs besoins.

Il est possible que l'on exagère la portée de cette menace. Et même que les pays à forts salaires et comportant une protection sociale très avancée – dont le Japon qui a mis en place un système approchant la sécurité à vie de l'emploi – soient les vainqueurs de cette compétition internationale. Il n'en demeure pas moins que l'on estime, à tort ou à raison, que le bien-être national (et, plus particulièrement, le système de protection sociale mis en place par les États) est actuellement menacé par l'évolution des méthodes du commerce international et des grandes entreprises transnationales. C'est aujourd'hui un sujet de discussion sans fin à travers toute la planète.

Il faut encore souligner les limitations que les systèmes de la finance et du commerce internationaux imposent aux tentatives de stabilisation de l'économie. Lorsque l'on se trouve dans une période de récession ou de crise, il revient généralement à l'État de prendre les mesures nécessaires pour susciter la relance. On doit alors mettre en œuvre des actions fiscales directes – comme les réductions d'impôts, la création d'emplois dans la fonction publique ou d'autres dispositions fiscales ayant pour vocation la relance de la demande. Il en va de même de la politique monétaire – avec les hausses ou les baisses des taux d'intérêt directeurs – et de ses effets favorables, réels ou imaginaires. Mais l'efficacité de ces réponses est évidemment diminuée dans un contexte international. Certains, et peut-être même beaucoup, des avantages incitatifs seront perdus dans le commerce international – en augmentant les achats, ou en produisant directement, dans les pays pauvres. Ou encore en termes plus techniques, une partie des effets du multiplicateur de la dépense publique ou privée sera perdue dans d'autres pays. Certaines de ces pertes pourraient être diminuées, en théorie du moins, par la dépréciation monétaire qui, en rendant les exportations moins chères, pourraient faire augmenter les prix des importations. Mais cette démarche s'inscrit contre un des principes de base de la communauté du commerce international qui réclame la stabilité des changes, étendant même ce principe, comme en Europe, à la promesse d'une monnaie unique.

Il n'est donc guère surprenant que les sujets que nous venons d'aborder aient pénétré dans tous les débats politiques des pays industrialisés en leur donnant un caractère envahissant et urgent. Il est particulièrement intéressant d'examiner à ce propos le caractère schismatique des réactions politiques. A droite, les conservateurs traditionnels sont pris entre leur attachement de toujours à l'identité nationale et au patriotisme d'une part et, d'autre part, leur préférence pour la liberté du commerce et leur soutien au caractère transnational des grandes entreprises modernes. Tout le monde sait que le patriotisme est la principale vertu des conservateurs. Mais il y a aussi, présents dans tous les esprits conservateurs, les anciens dogmes concernant le commerce international comme seul moyen d'assurer la maximisation de l'efficacité de la production des biens et services. Même si ce dogme ne représente peut-être pas une vérité absolue dans le monde économique moderne, avec sa prolifération de tels biens et services, la productivité garde toujours une puissante influence dans les croyances traditionnelles. L'identité nationale est fortement et fièrement défendue par les conservateurs comme les résultats économiques de l'internationalisation.

A gauche, on assiste aux mêmes divisions. Bon nombre de ceux qui soutiennent le système de protection sociale de l'État sont les premiers à récriminer contre les pertes d'emplois potentielles que représentent les pays à bas salaires et à faibles coûts de production. Dans le même temps, ils proclament leur attachement à la nature pacifique de l'extension de la communauté internationale et ils réclament encore un resserrement des liens politiques, culturels, scientifiques et économiques. Et il y a encore, à gauche, la volonté de promouvoir la liberté, ou une certaine liberté, des échanges avec l'étranger.

On a assisté récemment à des exemples spectaculaires de ce conflit. Le traité de Maastricht, un autre pas en direction d'une association plus étroite des pays européens, a provoqué des débats publics d'une rare intensité entre des groupes politiques qui se constituaient en dehors de clivages classiques. A gauche, certains étaient pour, d'autres contre. A droite, on rencontra le même phénomène et l'on peut souligner ici le cas remarquable des *tories* en Grande-Bretagne.

Une démonstration tout aussi frappante vient des États-Unis avec le débat sur l'Accord de libre échange nord-américain (ALENA) et l'Accord général sur le commerce et les tarifs douaniers (GATT). Ici encore, aussi bien à gauche qu'à droite, on assista à des divisions et même à des explosions de rancœur au sein des formations politiques classiques. Dans le cas du GATT, certains eurent la crainte, plus oratoire que réelle, que la souveraineté des États-Unis sur les plans économique et social passe sous l'autorité d'une entité internationale –

l'Organisation mondiale du commerce (OMC). Au Canada, une importante fraction, bien structurée, du monde politique a vu dans le NAFTA, comme d'ailleurs dans les négociations préliminaires, une menace de première importance contre les efforts que leur pays avait développés depuis si longtemps pour maintenir son identité économique, politique et sociale face à l'agressivité économique et sociale de leur puissant voisin.

A la fin de tous ces débats, les deux accords furent approuvés – et ce notamment aux États-Unis par une coalition contre nature de libéraux à l'esprit ouvert à l'internationalisation et de conservateurs pleinement conscients de l'importance du libre échange. Bien peu pourraient mettre en doute la force et la violence des bases du conflit ici en cause. Comment devrait-il être résolu dans une bonne société ?

La solution n'est pas difficile et elle a l'avantage d'être inévitable. On ne peut contrer le mouvement en faveur d'une coopération toujours plus étroite entre les peuples et les institutions des pays industrialisés. C'est là un des grands courants de l'Histoire. Les forces sociales en jeu échappent à l'influence des parlements et des hommes politiques. Les orateurs peuvent vouloir poursuivre dans leur opposition, mais rien n'arrêtera la marée.

Et ce quels que pourraient être les désirs des uns ou des autres. Les traits dominants de l'État ont été la source des plus grandes tragédies des temps modernes, que ce soit sa jalousie eu égard à son territoire, à la protection de ses intérêts économiques, à la puissance de ses fabricants d'armes, à l'attention passionnée de la préservation de sa langue ou de son identité culturelle. Aussi, malgré les considérables avantages qui découlent implicitement de l'internationalisation, il n'en demeure pas moins que tout ce qui fut les prérogatives de l'État se dirige inéluctablement vers son terme.

Les nations les plus industrialisées doivent dès lors faire un effort pour une coopération internationale efficace sur le plan de leurs politiques sociale et économique. Cet effort doit se traduire d'abord au niveau des politiques fiscale et monétaire qui doivent être prioritaires si l'on veut que la séquence classique expansion- récession, avec la spéculation débouchant sur le chômage, soit efficacement contrée. Aucun pays ne devrait croire qu'il peut agir positivement seul dans ce domaine sans l'assistance de ses partenaires. On doit ensuite, comme nous l'avons déjà indiqué, mettre en place une coordination internationale aux différents niveaux des politiques sociale, agricole, mais aussi des mesures à prendre pour protéger l'environnement et développer les autres programmes indispensables au bien-être de la société moderne. La bonne société doit donc s'engager de toute sa volonté dans cet effort de coordination, car non seulement c'est la meilleure des réponses mais c'est aussi la seule.

Le besoin d'une telle action des pouvoirs publics est reconnu en Europe, même si c'est imparfaitement, par les membres de la Communauté économique européenne à Bruxelles, au Parlement de Strasbourg, d'une façon encore plus explicite par le traité de Maastricht et, plus récemment, par la décision spectaculaire prise par les principaux États de coordonner leur organisation militaire. Ce même besoin de coordination est plus faiblement accepté aux États-Unis, au Canada, au Japon et dans la communauté commerciale du Pacifique. Et pourtant, il existe ici une nécessité de coordination internationale infiniment plus grande que ce que l'on trouve comme réponse sur le plan des faits.

Les présidents et les Premiers ministres des nations les plus riches se rencontrent désormais à intervalles réguliers pour discuter en priorité des sujets économiques. On fait très attention, à cette occasion, aux relations commerciales. Mais ces réunions devraient aussi concerner les thèmes qui sont forcément associés à l'économie – la protection sociale, les politiques monétaire et fiscale et leur coordination. Ces thèmes ne devraient pas être laissés à la seule appréciation de chaque État qui, la plupart du temps, veut ignorer les conséquences de ses choix sur les autres pays. Le commerce devrait être dans une large mesure confié à ceux dont c'est le métier, car le plus souvent les résultats de toutes les négociations qui y sont consacrées n'aboutissent à rien de concret. En revanche, le fait d'ignorer, comme c'est le cas actuellement, les politiques monétaire, fiscale ou celle de l'emploi, a des conséquences très précises sur la vie de tous les jours. C'est sur ces sujets qu'il devrait y avoir de continuelles délibérations et actions.

Mais nous ne sommes ici qu'à la première étape. L'association plus étroite et si utile des peuples et des institutions au sein du concert mondial doit aussi, avec le temps, conduire à la création d'une organisation internationale. Les responsabilités économiques et sociales de l'État ne constituent qu'une phase de transition. Le but ultime doit être la naissance d'une autorité transnationale, disposant de tous les pouvoirs, y compris en ce qui concerne les dépenses et les recettes.

Dans le monde d'aujourd'hui, on trouve la Banque mondiale et le Fonds monétaire international qui ont célébré en 1995 le cinquantenaire de leur création. Ces deux entités représentent une délégation du pouvoir économique des États à des instances internationales placées au-dessus de leur autorité. La Banque mondiale assume la responsabilité des investissements et des financements indépendamment de l'autorité des États, bien qu'il soit difficile de faire totalement abstraction du rôle des États-Unis au sein de cet organisme. Le FMI, dont la vocation originelle était de veiller à la stabilisation des changes au plan international, intervient désormais au niveau du budget même des États et il contrôle directement leur politique de dépenses publiques. Mais la Banque mondiale comme le FMI ne consacrent leurs efforts et leurs ressources qu'aux pays les plus pauvres. Ils n'ont à aucun moment la possibilité d'intervenir dans une recherche de coordination des politiques monétaires, sociales ou fiscales des pays industrialisés les plus riches. En outre, il faut bien remarquer que le FMI n'a jamais considéré les politiques de protection sociale comme une priorité mais bien comme quelque chose à sacrifier sur l'autel de la stabilité des changes. La Banque mondiale et le FMI représentent toutefois un pas sur le chemin que nous pouvons suivre, et qu'en vérité nous devons suivre.

La bonne société ne peut pas se permettre de s'identifier uniquement avec l'État, elle doit prendre en compte et soutenir les forces internationales qui la dépassent. Ce n'est pas une question de choix, c'est un impératif de notre monde moderne.

16

Les pauvres de la planète :

1. L'histoire des origines

Nous avons jusqu'ici insisté sur le fait que les problèmes et les possibilités de l'espèce humaine ne pouvaient être enfermés dans les frontières d'un seul pays. Dans une société civilisée, on doit se préoccuper du monde dans son ensemble. Et l'on doit encore avoir une préoccupation toute particulière pour les millions, voire les centaines de millions qui vivent en dehors des frontières des pays les plus favorisés. Ces millions, doit-on le répéter, sont également des êtres humains. Pour définir les limites de notre sujet, nous allons être obligés de faire un bref détour par l'Histoire.

Il y eut un temps où ce que l'on nomme aujourd'hui les pays les plus favorisés gouvernaient ceux qui sont à l'heure actuelle les pays les plus pauvres. C'est ainsi que la Grande-Bretagne, la Belgique, le France, les Pays-Bas, l'Allemagne, la Russie et, avec une énergie toute spéciale et une volonté expansionniste sur le plan géographique assez impressionnante, l'Espagne et le Portugal furent des puissances coloniales. La mémoire de cet impérialisme est encore vivace dans les pays pauvres. Nous allons examiner les conséquences de la fin de ces empires coloniaux.

On accepte généralement que les conceptions des puissances coloniales et celles des nations tenues en tutelle étaient radicalement différentes. Les premières pensaient le plus grand bien de leur propre force et de leur influence sur le monde colonial, les secondes étaient pleines de ressentiment d'être ainsi gouvernées par des étrangers et l'on y rencontrait souvent une conscience de révolte larvée ou déclarée.

Il n'est absolument pas certain que les réactions des colonisés au pouvoir des colonisateurs aient toujours été pacifiques comme on semble vouloir le dire un peu trop fréquemment de nos jours. L'Empire romain, qui est un des exemples les plus connus de l'impérialisme, était accepté par bon nombre de ses sujets dont la plupart estimaient qu'il était préférable d'être à l'intérieur de ses frontières qu'à l'extérieur. Et nous ne pensons pas qu'il soit douteux que Rome comme la Grèce auparavant, et plus tard l'Espagne, la Grande-Bretagne, la France et les autres puissances impérialistes, n'aient joué un rôle essentiel dans la civilisation des pays qu'ils avaient soumis en leur fournissant des schémas de développement culturel, des règles de gouvernement et même les bases d'une législation. Toutes choses qui ont représenté un apport non négligeable à l'essor de ces colonies. Mais ce processus était loin d'être suffisant.

Dans la seconde moitié du XXe siècle, s'est produit le plus grand changement – et le mot révolution ne serait pas trop fort – depuis plusieurs milliers d'années. L'étendue et la profondeur de ce changement ne peuvent qu'émerveiller : l'impérialisme, le colonialisme, sous leur forme classique, ont brusquement disparu de la surface de la planète. La mainmise coloniale s'est soudainement évanouie en Asie, en Afrique et dans le Pacifique-Sud. On a aboli le droit que certains pays s'étaient attribué d'en gouverner d'autres et ce aussi bien dans la réalité que dans les principes. Partout, la règle est devenue celle de l'autodétermination des peuples à se gouverner eux-mêmes et du respect de la souveraineté des États.

On a du mal à imaginer, par un simple regard en arrière, un changement aussi formidable en aussi peu de temps. Le mot même d'impérialisme renferme désormais une forte connotation de condamnation. Comme c'est aussi le cas du mot « colonialisme ». Cela n'est pas seulement vrai dans les anciennes colonies, on retrouve la même attitude dans les anciennes puissances coloniales ou impérialistes. Le monde entier s'ouvre sur une nouvelle ère de « lumière ». Le dernier acte de la décolonisation s'est produit tout récemment dans les années qui suivirent 1989, lorsque les pays de l'Europe de l'Est se débarrassèrent de l'influence de l'Union soviétique et que cette dernière éclata.

Tous ces bouleversements, est-il besoin de le répéter, furent universellement reconnus comme une bonne chose. On a partout considéré que la fin du pouvoir impérialiste et la réalité de l'indépendance politique des anciennes colonies étaient un événement positif tant sur le plan social que sur le plan économique. Le pouvoir impérialiste n'a pratiquement plus aucun défenseur. La bonne société ne peut qu'approuver cette évolution. Précisons juste un point qui explique pourquoi le pouvoir impérialiste a disparu si brusquement et de façon aussi spectaculaire. Mais intéressons-nous aussi à la question de savoir s'il se poursuit encore, comme beaucoup le prétendent, sous des formes plus détournées mais non moins efficaces. C'est de ces problèmes que découlent l'état actuel de l'ancien monde colonial et l'obligation pour la bonne société de venir en aide à tous les pauvres de la planète.

Les peuples des anciens régimes coloniaux, personne ne peut en douter, ont toujours cherché activement leur indépendance. Dans certains cas, parmi les plus importants, ils échappèrent à l'autorité extérieure en devenant ingouvernables pour cette dernière. L'affirmation de leur propre culture, l'autodétermination devinrent trop considérables pour être combattues efficacement. Ce fut indubitablement ce qui se produisit en Inde, où, sous la direction éclairée de Mohandas Gandhi et de Jawaharlal Nehru, la dissidence atteignit un niveau de sophistication et de mobilisation bien plus considérable que ce qui aurait pu se faire sous la seule conduite de l'opposition officielle.

En Indochine et en Algérie contre les Français, en Angola et au Mozambique contre les Portugais, une résistance militaire très bien organisée se développa contre le pouvoir colonial. Il est toutefois remarquable que, dans la plupart des pays du monde colonial, les colonisateurs et leurs partisans, comme s'ils étaient considérés avec regret par beaucoup, eurent la possibilité de partir sans heurts. Aux États-Unis, personne n'évoqua l'idée de maintenir les Philippines par la force, pas plus que les autres territoires du petit empire colonial américain. Dans la plupart des pays africains, et dans presque tous les pays d'Asie, il n'y eut jamais de véritable résistance du pouvoir colonial pour se maintenir en place. Le principe de la colonisation a ainsi, et de façon inévitable et presque pacifique, cessé d'exister. Les peuples colonisés ont alors célébré leur nouvelle liberté et les anciens colonisateurs se sont félicités de leur ouverture d'esprit dans l'acceptation d'une réalité plus civilisée. Ce phénomène de la décolonisation fut partout salué et il bénéficia d'un soutien politique intense dans des pays comme la Grande-Bretagne, les États-Unis, la France, les Pays-Bas et la Belgique – c'est-à-dire les grandes (ou plus petites) puissances impérialistes. La décolonisation a été ressentie comme le triomphe du bien sur le mal, une défaite des forces politiques obsolescentes et de la réaction.

Cette autocongratulation était excessive. Il y avait en fait une autre circonstance, plus déterminante, à l'œuvre ici : le colonialisme ne servait plus aucun intérêt économique important. On pourrait même estimer qu'il commençait à peser d'un coût non négligeable sur les puissances impérialistes. Les aspirations économiques rejoignirent alors les grands élans de l'idéalisme. C'est une coalition qui a toujours montré sa force vitale dans les changements sociaux majeurs.

Autrefois, dans un monde de propriétaires terriens et de rente foncière, de marchands et d'intérêts mercantiles, le colonialisme reposait sur une base économique fondamentale. L'acquisition de territoires contigus ou même distants mais exploitables générait des revenus et fournissait des paysans corvéables à merci. C'est encore pour cette raison que les raisonnements militaires les plus élémentaires sont toujours fermement convaincus de l'impérieuse nécessité de la défense des frontières. La terre de la nation est sacrée et qu'est-ce qui pourrait être alors aussi capital ?

Mais en fait qu'est-ce qu'il y avait de plus capital que ce qui contribuait à renforcer les intérêts des marchands et des industriels ? Les marchands des premiers temps du capitalisme industriel concentraient leur activité sur l'échange de matières premières, de produits tropicaux et de biens manufacturés de l'artisanat local en provenance des pays colonisés, contre des biens industriels en provenance des pays colonisateurs. Avec les possessions coloniales est apparu un monopole ou un quasi-monopole des grandes puissances impérialistes sur ce commerce. Et dans ces puissances impérialistes, les marchands et les industriels qui vivaient de ces échanges avaient un accès privilégié au monde politique. Il faut bien reconnaître que les intérêts de ces hommes d'affaires et des hommes politiques étaient alors souvent convergents.

Avec la fin de la Seconde Guerre mondiale, et pendant les quelques années qui suivirent, on assista peu à peu au déclin de l'influence des intérêts attachés à ce type d'échanges qui tomba à un niveau négligeable. Le développement économique se recentra désormais sur le plan intérieur. C'était la croissance économique interne qui permettait désormais aux nations de s'enrichir et de prospérer. Les échanges commerciaux entre les pays les plus favorisés occupaient la première place. Les relations économiques avec les colonies étaient devenues marginales. Lénine, avec un brin d'exagération, avait écrit, autrefois, que les travailleurs des pays riches vivaient sur le dos des masses colonisées. Personne n'aurait pu imaginer que cela puisse cesser un jour. On a estimé que la perte par les Pays-Bas de ses grandes colonies indonésiennes après la Seconde Guerre mondiale a été compensée par deux années seulement de croissance du produit intérieur brut.

Mais il y a eu aussi des cas où la décolonisation s'est faite sans avoir de répercussion économique. Très peu, et en tout cas pas beaucoup, ont souffert, aux États-Unis, de pertes financières du fait de la libération des Philippines. S'il y avait eu de gros intérêts économiques en jeu, on peut être certain qu'il se serait créé de puissants lobbies réclamant le maintien des Philippines sous le contrôle américain et que les choses auraient pris une tout autre tournure. Et il y a fort à penser que la transition ne se serait pas faite aussi pacifiquement, aussi tranquillement.

Il reste cependant désormais à aborder la seconde question de notre exposé : n'assistons-nous pas à l'émergence d'une forme beaucoup plus subtile, beaucoup plus sophistiquée d'impérialisme ? Est-ce que l'on n'a pas tout simplement vu disparaître un type de pouvoir colonial qui a été remplacé par un autre ?

Qu'une nouvelle forme de contrôle extérieur soit apparue pour remplacer l'ancien système de l'impérialisme occupe les esprits de bien des anciens colonisés. On suggère que, au lieu d'un gouvernement placé sous l'autorité des pouvoirs publics d'une puissance étrangère, il existe désormais un impérialisme privé au sens où le contrôle serait assumé cette fois-ci directement par des intérêts privés dont l'instrument de domination le plus visible seraient les grandes entreprises transnationales. Les anciens pays coloniaux doivent dès lors accorder une attention toute particulière aux activités des grandes entreprises étrangères sur leur territoire et à leurs investissements. Il semblerait ainsi que la nouvelle menace impérialiste se situe dans cette perspective. Ce phénomène a évidemment un effet important sur l'attitude des États fraîchement indépendants eu égard à leur développement économique.

Mais, aujourd'hui, on doit reconnaître qu'une telle éventualité d'un nouvel impérialisme n'est plus à craindre, et que, si elle a représenté un danger pendant un temps, c'est de moins en moins le cas. Dans cette analyse, on surestime grandement le pouvoir et l'influence politiques des grandes entreprises transnationales et de leurs investissements à l'étranger. Cette crainte dérive plus des mystères du capitalisme que de sa réalité. De façon pratique, il faut bien se rendre compte que l'influence des multinationales dans la vie politique au niveau local est si évidente, si vraisemblable qu'il ne semble pas réaliste de vouloir la contrer.

Plus important à identifier est le changement du caractère de ces grandes entreprises. A l'origine, on les percevait comme des émanations du pouvoir capitaliste. A l'heure actuelle, elles sont plutôt, comme nous l'avons souligné dans un chapitre antérieur, une grande bureaucratie atteinte par l'immobilisme. Les craintes que l'on avait autrefois de l'omnipotence des multinationales ont disparu mais elles ont été remplacées, dans bien des cas, par celles que l'on nourrit désormais devant leurs inadéquations. Autrefois, certes, il y a eu l'United Fruit Company dans les républiques bananières d'Amérique centrale, ou encore les grandes compagnies pétrolières au Moyen-Orient. Aujourd'hui, il n'y a plus rien de tout cela. A la place, on trouve la prudence bureaucratique. La réalité moderne veut qu'aujourd'hui les anciennes colonies accueillent sans la moindre angoisse les investisseurs étrangers, et même qu'elles les recherchent. Ce phénomène est tout particulièrement vrai en Inde, l'un des nouveaux États parmi les plus méfiants pendant un temps vis-à-vis justement des investissements étrangers. Il est donc devenu clair que le pouvoir des grandes entreprises multinationales, le pouvoir économique n'est pas une nouvelle expression d'un capitalisme déguisé.

Dans les années qui suivirent la fin de la Seconde Guerre mondiale et jusqu'à une époque très récente, on vit cependant apparaître une nouvelle forme très controversée d'un néo-impérialisme. Il résultait de l'attitude de l'Union soviétique, mais aussi de celle de la Chine et des États-Unis, sans oublier, mais à un niveau plus faible, celle de l'Europe occidentale. Ce néo-impérialisme fut l'expression coloniale de ce que l'on appela la Guerre froide. C'était la forte influence de l'Union soviétique sur les pays de l'Europe de l'Est. C'était l'espoir en Union soviétique et la peur paranoïaque aux États-Unis que les pays les plus démunis allaient choisir le modèle de développement communiste contre le modèle capitaliste. L'extension de l'influence d'une superpuissance sur les nouvelles nations indépendantes, qui étaient aussi les plus pauvres de la planète, fut immédiatement ressentie comme une nouvelle forme de l'impérialisme. Une des erreurs les plus dramatiques des temps modernes est sans aucun doute la croyance que certains ont eue dans le fait que le socialisme dût précéder le capitalisme ; que les tâches administratives infiniment complexes d'une planification centralisée et généralisée puissent être assumées par de simples paysans. Cette erreur s'est révélée franchement désastreuse sur le plan militaire aussi bien en Afghanistan qu'en Indochine (au-delà de toute raison), et plus particulièrement au Vietnam.

Mais laissons de nouveau la place à l'Histoire. L'éclatement de l'Union soviétique, la chute du communisme et la fin de la Guerre froide ont amené également la disparition de ce néo-colonialisme. On peut même soutenir que, depuis le début de la décennie 90, il n'y a plus eu une seule manifestation de l'impérialisme à travers le monde. Ce qui est sans doute la première fois depuis les temps les plus reculés. Il existe certes de grandes puissances économiques et des puissances plus modestes. Il existe également une grande disparité parmi les forces militaires des nations. Certaines, comme nous l'avons souligné, ont connu une croissance hors de propos avec la réalité des menaces qu'elles sont censées combattre. L'impérialisme et le colonialisme font désormais partie du passé. On entend parfois parler de la fin de l'Histoire ; il est incontestable qu'ici l'Histoire est arrivée à un terme.

La bonne société doit accepter que, dans les relations entre les pays riches et les pays pauvres, entre les anciennes puissances coloniales et leurs anciennes colonies, le monde et l'homme ont changé à tout jamais. La politique étrangère de la bonne société doit demeurer encore sensible au passé et en particulier à tout ce qui pourrait, de près ou de loin, sembler suggérer une résurgence du colonialisme.

Cette vigilance est spécialement nécessaire dans le cas des États-Unis. Il est naturel que l'on puisse craindre un résidu de penchant impérialiste chez la nation la plus puissante et la plus développée sur le plan militaire des anciens grands pays colonisateurs (ou du moins de ceux que l'on a considérés comme tels). Cette crainte, il faut bien l'avouer, est encore renforcée par la référence fréquente, et bien souvent mal à propos, au rôle que les États-Unis devraient jouer dans le monde comme chef du concert des nations. Savoir être prudent et endiguer de telles tendances représentent des objectifs primordiaux pour la bonne société. Assumer de hautes responsabilités et prendre des initiatives sont bien entendu une conduite que l'on doit veiller à conserver et même à favoriser. Mais, dans un monde moderne, cette démarche doit faire preuve de sagesse et de la nécessité collective d'apporter une réponse à un besoin reconnu de tous. Elle ne doit à aucun moment être l'expression d'une volonté impérialiste.

Les pays les plus favorisés doivent donc désormais compter avec l'héritage du colonialisme – c'est-à-dire les terribles et intolérables souffrances qu'il a laissées dans son sillage. Ce point est également d'une importance capitale pour la bonne société, comme nous allons le démontrer dans notre prochain chapitre.

17

Les pauvres de la planète :

2. Les devoirs d'une société meilleure

Les problèmes affligeants des pauvres de la planète n'ont pas pris fin avec l'histoire que nous venons juste de rappeler dans ses grandes lignes. Lorsque les anciennes possessions coloniales parvinrent à l'indépendance, elles eurent à faire face à la tâche la plus astreignante que peut rencontrer l'être humain : former un gouvernement honnête, dévoué et responsable. Bon nombre échoueront. Cet échec fut suivi naturellement par l'échec économique. Car le succès en économie dépend d'abord du soutien que peut apporter une structure publique stable et efficace. Sans cette structure publique, la plupart des conditions essentielles pour le développement de l'économie ne se trouvent pas remplies. Au cours du siècle dernier, lorsque l'on posait la question de savoir quelles étaient les conditions indispensables pour permettre le progrès économique, on obtenait rapidement comme réponse, aussi bien aux États-Unis qu'en Europe : une bonne administration, un bon système d'enseignement et un bon réseau de transport. Cette réponse est toujours valable à notre époque.

Personne ne peut mettre en doute que la bonne société soit d'abord responsable de sa propre population. Mais aucune nation ne peut demeurer dans une situation de plénitude et d'abondance, si celles qui l'entourent sont plongées dans l'abjection de la pauvreté. Et ce ne peut être à aucun moment son attitude si, comme cela fut le cas des anciennes puissances coloniales, cette nation a joué autrefois un rôle important dans l'appauvrissement des autres. Le fait qu'elle ait décidé de mettre un terme à sa tutelle impérialiste sur ses anciennes colonies ne la libère pas pour autant de ses obligations. Dans une grande partie de l'Afrique, de l'Asie et de l'Amérique du Sud, il existe encore une forte pauvreté, quasi endémique. La bonne société ne peut pas se tenir à l'écart de cette misère. Cette misère doit être présente dans la conscience de tous et sa résorption doit être encore l'affaire de tous. L'État ne doit pas essayer de fuir ses responsabilités en acceptant la formule la plus répandue mais aussi la plus éculée de l'égoïsme banal : « C'est un autre pays, ce n'est pas notre problème. »

Au cours des cinquante dernières années, les pays les plus favorisés ont accordé des aides plus que superficielles aux pays pauvres, leurs anciennes colonies. Certaines de ces aides n'étaient d'ailleurs motivées que par l'espoir, ou la crainte, du communisme. Le rôle effectif de la compassion ou d'un certain sens du respect des anciens liens fut quand même plus intelligent mais relativement minime dans ses effets. Cette tendance ne fut pas négligeable. Un courant influent de l'opinion publique dans les pays riches a constamment exprimé sa sympathie et soutenu les actions d'aide aux pays les plus pauvres. C'est ce que l'on a pu percevoir à travers le travail de la Banque mondiale et d'autres organisations internationales de moindre envergure. La bonne société soutient sans faiblesse cet effort mais elle doit également veiller à ce que ces aides soient réellement dispensées et utilisées. Ce qui n'est pas toujours, et même peut-être pas habituellement, le cas.

Dans les premières années qui suivirent la Seconde Guerre mondiale et la décolonisation, les pays nouvellement indépendants et les anciens colonisateurs s'accordèrent dans une même croyance, à savoir qu'échapper à la pauvreté n'était possible que par le développement économique. Or, ce développement réclamait fondamentalement l'installation dans les pays pauvres des infrastructures lourdes que connaissaient les pays les plus favorisés. Dans les pays en voie de développement, comme on les nomma alors, arrivèrent les aciéries, les centrales électriques, les installations de chimie lourde, les usines de machines-outils. Ne s'agissait-il pas là des attributs les plus significatifs d'une économie arrivée à maturité ? On s'attendait à un progrès économique décisif, à la fin de la pauvreté. Ce fut en fait une erreur majeure, un rêve de dilettante. On avait ignoré – ou on était passé à côté – les deux plus importantes conditions du progrès économique, que nous avons déjà mentionnées : une situation politique stable et un système d'enseignement d'une qualité suffisante pour les masses. Les aciéries, les centrales et les aéroports flambant neufs se sont retrouvés au milieu d'une cohue ignorante pour devenir de stériles monuments à la mémoire d'une erreur – et d'un gigantesque échec. Au cours d'un passé récent, on a commencé, dans une certaine mesure, à reconnaître l'importance de la stabilité, de l'efficacité et de l'honnêteté des pouvoirs publics tout autant que celle du système éducatif. Sur ce point, nous voudrions ajouter une dernière précision.

On a encore, dans les premiers temps de l'assistance au développement économique, négligé assez souvent l'agriculture pour se concentrer sur les grandes villes et leurs habitants. C'était là que le développement devait se produire. Les prix des produits alimentaires étaient la plupart du temps fixés en fonction du pouvoir d'achat du prolétariat urbain. Cette pratique eut un effet désastreux sur la production agricole. A cet état de choses, il y a eu certes des exceptions dont la principale, comme c'est souvent le cas en matière de développement, est l'Inde. Depuis l'indépendance, la population de l'Inde a plus que doublé. Et pourtant, ce pays a réussi à faire face à la demande alimentaire grâce à une politique agricole efficace à base d'hybrides, d'engrais, d'irrigation, d'aménagements des sols et aussi d'une garantie des prix fermiers.

Il n'en demeure pas moins que, dans la plupart des anciennes colonies, l'organisation des pouvoirs publics fonctionne encore de façon plus ou moins perverse sur le plan économique et social. L'instabilité, l'incompétence, la corruption, quand ce n'est pas purement et simplement la dictature de la minorité des plus favorisés, sont les caractères les plus fréquents du monde politique de ces nouvelles nations. Dans certains cas, loin d'être l'exception, il y a conflits et désordres sociaux. Même dans les pays où la situation est nettement plus favorable, les tâches de base de l'État – collecte des impôts, mise en œuvre des services publics essentiels, établissement du cadre légal fondamental nécessaire au processus de développement économique – sont mal accomplies, voire pas accomplies du tout. Un trafic nuisible se développe avec la vente par les hommes politiques ou les fonctionnaires d'autorisations exceptionnelles ou de passe-droits en tout genre contournant systématiquement les réglementations en vigueur. Ce phénomène se retrouve partout, même lorsque le pays est relativement bien gouverné, comme dans le cas de l'Inde. On ne trouve pas, en revanche, ce problème au plus profond de l'Afrique. Là, en effet, personne n'a jamais pensé un seul instant que les lois ou les réglementations puissent avoir la moindre valeur pratique sur le terrain.

De tout ce qui précède, on peut déduire facilement le rôle de la bonne société. Il commence par le mot générosité – l'aide financière fondée non sur son propre intérêt économique ou politique mais, comme nous l'avons à maintes reprises répété, sur le sentiment profond d'appartenance à la même humanité. Là où l'on a réussi à installer un gouvernement relativement efficace et où la situation est à peu près paisible, la première des priorités doit être l'éducation. Pour atteindre cet objectif, on se doit de rendre disponibles toutes les ressources financières dont on peut disposer – il faut en effet pouvoir mettre en place des financements pour les écoles, leurs équipements, les enseignants et tout particulièrement pour la formation de ceux-ci. Le capital, qui est la base de tous les investissements matériels, passe aujourd'hui facilement d'un pays à l'autre. Les enseignants, qui constituent la base de l'investissement humain et l'instrument essentiel du progrès éducatif, disposent quant à eux d'une mobilité beaucoup plus limitée. Une organisation internationale pour la formation des enseignants – des enseignants d'enseignants – est une des premières conditions du développement économique. Et l'on peut dire plus généralement que l'enseignement doit occuper une place maîtresse dans les politiques concernant tous les domaines. Je voudrais de nouveau insister ici sur un point que l'on a beaucoup débattu : ceux qui ont reçu un enseignement de qualité ne sont pas parmi les pauvres, alors que ceux qui demeurent dans l'ignorance sont toujours des pauvres. Donner une bonne formation à une population signifie que son développement économique ne peut que suivre. Il est inévitable. Ce n'est qu'ensuite que l'on peut envisager des aides au développement plus générales.

Dans les pays pauvres, la disparition de l'ordre public représente également un problème fréquent et d'une extrême gravité. Ce fut plus particulièrement le cas de l'Afrique, mais on retrouve ce phénomène sous des formes plus atténuées, et de temps à autre, en Amérique centrale, en Asie et même en Europe. Le Liberia, la Somalie, le Rwanda, le Nicaragua, Haïti, la Bosnie sont des exemples récents à ce propos. Des centaines de milliers d'habitants de ces pays sont morts soit dans des conflits sanglants, soit à leur suite du fait des privations et des migrations forcées.

On a longtemps reconnu et accepté comme règle que l'on ne devait pas attaquer un État à travers l'expression de sa propre souveraineté intérieure. Les lois internationales interdisent cette pratique et les Nations unies ont pour principale mission de l'empêcher. Le massacre au sein d'un même pays d'une fraction de sa population par une autre est encore un autre problème. On peut être amené à condamner fermement de tels errements mais on ne peut y trouver une justification pour une réponse du type de celle qui fut donnée dans le conflit Irak-Koweït. Il n'en demeure pas moins que les souffrances et les dévastations économiques et sociales provoquées par des guerres civiles peuvent se révéler, comme tout récemment, plus terribles que celles de guerres entre États. On doit bien comprendre que la bonne société ne peut se dispenser d'agir dans des circonstances aussi tragiques. Cette nécessité doit être reconnue et acceptée par tous. La réponse doit porter clairement et effectivement la marque du désaveu.

Au cours de ces dernières années, en Somalie, au Rwanda, et un peu plus tôt chez leurs voisins du Liberia mais aussi dans l'ancienne Yougoslavie, il a fallu engager des actions internationales pour tenter de calmer les violences intérieures et apporter des aides substantielles pour nourrir, abriter, soigner, etc., ceux qui étaient dans la détresse. A chaque fois, on a considéré que l'on était là en face de situations exceptionnelles. Les actions entreprises étaient considérées comme provisoires pour répondre à un événement pour ainsi dire unique. On ne devrait plus procéder ainsi dans l'avenir. La rupture violente des équilibres imposés par la loi et l'ordre et leur cortège de désolation sont des choses auxquelles il est naturel de s'attendre dans les pays pauvres. Et c'est sur ce constat que doivent être définies les modalités des interventions – savoir mettre de côté la fameuse souveraineté afin de pouvoir venir à la rescousse des populations en détresse ou en danger.

On a fait référence à une intervention internationale, ce qui signifie effectivement les Nations unies. En effet, tant au plan de l'opinion internationale que du droit international, l'intervention d'un seul État dans les malheurs d'un autre est éminemment suspecte. C'est tout particulièrement vrai si l'État qui intervient est une puissance de tout premier plan, comme les États-Unis. Chacun voit se profiler derrière les bonnes intentions le spectre de l'impérialisme. C'est pourquoi la sanction doit être internationale et placée sous l'autorité d'une organisation internationale. Nous pensons que, dans un futur plus ou moins proche, cette charge deviendra une des missions essentielles des Nations unies. A condition bien sûr que les pays les plus riches, et notamment les États-Unis, continuent à soutenir financièrement leur participation. L'envoi de personnels militaires comme forces de police doit être une obligation générale acceptée de tous. La position actuelle des États-Unis doit être sur ce point totalement reconsidérée. On estime en effet que, bien que les États-Unis soient la première puissance militaire du monde, ils ne doivent pas prendre le risque d'interventions à l'étranger, car les pertes humaines pouvant en découler auraient forcément des conséquences politiques intérieures fâcheuses. Le cours désolant de l'Histoire a déjà indiqué le chemin à suivre. La bonne société ne peut faire autrement que de s'y engager.

On a déjà insisté au cours de ce chapitre sur le rôle de la compassion – c'est-à-dire l'obligation que les plus favorisés ont envers les plus démunis. Avec le déclin et la disparition de la peur du communisme et de la paranoïa qui l'accompagnait et qui constituait la principale raison des aides des riches envers les pauvres, la compassion doit désormais être à la source de telles aides. Mais elle ne doit pas être la seule force en jeu. Un monde en paix est un avantage évident pour tous, voire une condition fondamentale de sécurité. Comme nous l'avons répété, la pauvreté des nations est un facteur important d'incitation et d'encouragement au conflit. Or, dans le monde moderne, les pays les plus favorisés vivent en paix les uns avec les autres et à l'intérieur de leurs frontières. La communauté internationale s'est appuyée, et ne peut que s'appuyer, sur la création d'une situation de bien-être économique et social dans tous les pays. Le conflit, la violence est, comme chacun sait, une infection qui ne demande qu'à s'étendre. L'assistance et l'acceptation de responsabilités plus larges pour veiller sur la paix sociale et économique à l'intérieur même des nouveaux États, que nous appelons ici de tous nos vœux, devraient contribuer à la quiétude des pays les plus démunis et à la quiétude d'esprit des pays les plus favorisés. La compassion est une des facettes de l'esprit humain mais, dans le cas présent, elle représente aussi un instrument pratique au service de la communauté internationale.

Mais les nations qui ont besoin d'aide dans le monde ne font pas forcément partie des nations traditionnellement les plus pauvres. Depuis 1989, les pays de l'Europe de l'Est et de l'ancienne Union soviétique ont entrepris la difficile transition d'une économie totalement sous le contrôle du socialisme à une économie de marché. Tous ces pays visaient également à une position plus démocratique et plus pacifique dans le grand concert des nations. Ici également, on a besoin d'intelligence, de générosité, de désintéressement, car cette transition est difficile et elle induit des effets pervers sur une bonne partie des populations. Ces effets pervers peuvent, à leur tour, générer une terrible menace pour la démocratie. C'est ici qu'une assistance extérieure peut avoir les résultats les plus bénéfiques et ce de bien des façons différentes. C'est de cette volonté que viendra alors la promesse de stabilité dans les relations internationales et de disparition des craintes de conflits ouverts.

La préoccupation que nous avons ici exprimée en ce qui concerne les pays les plus pauvres de la planète et la nécessité de supporter les coûts des aides qu'il est indispensable de leur apporter s'étend encore aux peuples de l'Europe de l'Est qui se retrouvent dans une situation dangereuse du fait de la grande mutation que nous venons d'évoquer. La bonne société ne peut pas vivre sous la menace des désordres sociaux qui risquent de se produire dans les anciens pays communistes, et qui peuvent conduire aussi bien à la guerre qu'à un désastre nucléaire. Comme on l'a déjà dit, le temps pour agir est ici très court et la mise en œuvre des interventions a depuis trop longtemps été retardée.

18

Le contexte politique

Les livres de ce ton et de ce genre se terminent presque toujours, comme j'ai déjà eu l'occasion de le suggérer, sur la même note. Une fois que l'on a défini ce qui est bien et réalisable, on suppose que la réponse politique adéquate va nécessairement suivre, si ce n'est dans l'immédiat à tout le moins dans un avenir très proche. Les auteurs de ces livres ont un instinct, immédiat ou différé, sur ce qui est bien. Ayant défini ce qui devait être fait, leur tâche est terminée, l'action peut avoir lieu. C'est cet optimisme qui soutient la volonté de réflexion de la plupart de ces auteurs et qui les paye de toute leur peine. Voici donc démontré l'ultime pouvoir des idées, pouvoir des idées dont John Maynard Keynes avait dit, dans un de ses aphorismes les plus célèbres, qu'il régit un monde qui n'est régi par pas grand-chose d'autre.

On ne trouvera pas les traces de ce fragile optimisme ici. Dans le politique moderne, il y a désormais deux groupes d'influence et de pouvoir très inégaux. La démocratie est devenue une chose bien imparfaite. Il y a d'une part, comme nous l'avons vu, les favorisés, les nantis et les riches, sans oublier la bureaucratie des grandes entreprises et les intérêts de la sphère des affaires ; et il y a d'autre part, les plus démunis socialement et économiquement aux côtés du nombre considérable de ceux qui viennent demander leur assistance, sans qu'on leur témoigne la moindre compassion ou le moindre intérêt. Cette situation peut représenter, et dans bien des cas représente, une lutte disproportionnée.

L'étape décisive qui reste à accomplir pour une bonne société est donc de rendre la démocratie effective et véritable. Comme nous l'avons déjà évoqué, un des débats les plus âpres qui se développe actuellement aux États-Unis concerne le système de la protection sociale. Ce projet vise par essence la réduction partielle des avantages sociaux qui protègent les plus pauvres et plus particulièrement leurs enfants. Sans cette organisation sociale, ils seraient condamnés à la faim, à l'impossibilité de soigner leurs maladies, à l'inconfort de logements insalubres. Ils verraient grandir le sentiment d'un dénigrement sans cesse plus important tenant à leur condition d'êtres inférieurs.

Les choses changeraient certainement si les plus démunis avaient réellement recours à leur bulletin de vote pour venger leurs souffrances. Leurs votes seraient alors particulièrement et spécifiquement, voire avec diligence, sollicités. On assisterait à la naissance d'un nouveau discours politique réclamant plus de protection sociale, une amélioration de la qualité des écoles publiques, des logements, des soins médicaux, des installations de loisirs, etc. A l'automne 1994, le changement de majorité qui eut lieu aux États-Unis fut la victoire dérisoire, comme nous l'avons souligné, de ceux qui ont déclaré leur hostilité à l'aide aux pauvres sous toutes ses formes. Cette victoire n'a été obtenue qu'avec moins du quart des électeurs inscrits, seule la moitié de ces derniers s'étant rendue aux urnes. La grande presse et les médias déclarèrent que ce qui avait prévalu était l'expression des opinions et des options sociales du public. S'il y avait eu un complet retournement dans ces élections, tant les résultats que les réactions auraient été totalement différents. Le sens de la responsabilité sociale envers les pauvres s'en serait retrouvé dûment renforcé.

Il faut donc en conclure que la condition essentielle pour atteindre une bonne société, c'est une expression de la volonté démocratique plus parfaite. C'est donner à la démocratie sa véritable place, sa place exacte dans la communauté. Dans l'État de New Jersey, lors de l'élection récente du gouverneur, la fixation d'un niveau d'imposition agréable pour les nantis ou les gens aisés et la promesse de réductions fiscales furent (et avec succès) au cœur de tous les débats. Une personnalité haut placée et plus qu'active dans le milieu politique expliqua après les élections, avec la plus évidente satisfaction, combien elle avait dû débourser d'argent pour des pasteurs de paroisses habitées par des Noirs afin qu'ils exhortassent leurs paroissiens pauvres à ne pas se déplacer pour voter. Il nia par la suite avec la dernière des énergies ce dont il s'était tant vanté, un exercice de style plutôt délicat. Il n'en demeure pas moins qu'il y eut là une atteinte sérieuse au processus démocratique. On peut dire néanmoins que son instinct politique était bon, car il avait compris le rôle fondamental du vote des pauvres. Le vote des pauvres est en effet essentiel pour qu'ils obtiennent les services publics dont ils ont besoin, pour permettre l'augmentation de leurs revenus et pour mettre en place la grande politique qui améliorera leur sort – ou encore, plus brièvement, pour franchir la première étape vers la bonne société.

La démocratie a des exigences contradictoires. On doit avoir une perception claire des objectifs que la majorité poursuit, ou devrait poursuivre. Ce sont ces objectifs que cet essai a cherché à définir. Et l'on doit avoir encore des organisations capables de mobiliser les électeurs et de persuader le législatif et l'exécutif de soutenir ces objectifs. La nature et l'amplitude de l'effort qu'il faut entreprendre pour aboutir à ce résultat sont devenues, ces derniers temps, d'une lumineuse évidence.

L'argent, le discours et l'activisme politique sont désormais largement placés sous le contrôle des nantis, des très riches et des intérêts du monde des affaires. Et il faut bien avouer qu'une grande partie des hommes politiques les plus talentueux ont accepté de passer sous leur férule. L'expression de leurs propres objectifs est alors admise comme l'expression de l'opinion publique. Leurs objectifs sont devenus dans les médias les objectifs de la population tout entière. Aux États-Unis, le Parti républicain est ouvertement aux côtés des riches, et donc sous l'influence de ces derniers. Le Parti démocrate, ou du moins un grand nombre de ses membres, est également dans la même mouvance des nantis. Le résultat, ou au minimum la possibilité, de ce mécanisme est un système biparti dans lequel les deux partis n'ont d'autres ambitions que de répondre, au niveau de la réflexion et de l'action, aux besoins et aux désirs des plus favorisés et des plus riches.

Dans la bonne société, il ne peut être question que le discours politique et l'influence soient confisqués au profit d'une petite partie de la population. Aux États-Unis, la seule solution réside dans une participation politique plus active des pauvres et de ceux qui épousent leur cause. Et leur instrument doit être le Parti démocrate, car cette vocation fut son rôle et la source de ses succès dans le passé. Il prenait traditionnellement la parole au nom des plus démunis quand cela était nécessaire. Et il a résisté à la tendance actuelle qui assimile ouvertement l'État à une charge lorsqu'il s'adresse aux pauvres mais non lorsqu'il vise la satisfaction des désirs des riches et des nantis.

Le politique au sens « pratique » est considéré comme la définition de principes favorables aux riches. Le pauvre ne vote pas. Le politicien averti ne mise que sur les nantis. Ce serait totalement insensé dans le cas du Parti démocrate. Ceux pour lesquels la seule chose fondamentale est la défense de leurs revenus, de leurs capitaux, de leurs intérêts dans les affaires ont toujours voté pour le parti qui a le plus affirmé sa volonté de servir cette classe de privilégiés. Ce parti a été, et est encore aujourd'hui, le Parti républicain. Les démocrates n'ont donc aucun avenir dans cette voie de la défense des riches, à moins de viser un second rôle.

Il ne paraît pas non plus très réaliste d'attendre aux États-Unis l'apparition d'un nouveau parti bien que ce fût, dans le passé, l'espoir d'un grand nombre parmi les plus démunis. Il se heurterait à une structure institutionnelle, le bipartisme, qui depuis plus d'un siècle est devenue un des traits dominants de la vie politique américaine. Deux partis se partagent action et réflexion ; et c'est ainsi que les choses continueront.

Dans les autres pays industrialisés, la situation est, dans l'ensemble, plus favorable pour les pauvres. Là, une grande partie des électeurs va aux urnes apportant ainsi une réponse franche, et quelque peu surprenante, à la domination des riches. Dans certains pays – Australie, Belgique – le vote est même obligatoire. Cette disposition serait totalement impensable et irréaliste aux États-Unis, peut-être parce que la volonté d'un électeur d'aller ou de ne pas aller aux urnes fait partie des droits inaliénables et souverains du citoyen américain. Néanmoins, le véritable vice de la bonne société n'est pas la démocratie mais le fait que la démocratie est un système politique imparfait. Ce n'est que lorsque tous voteront – à l'exception du petit nombre des excentriques – que la bonne société aura franchi une étape décisive vers sa réalisation.

Il est inévitable que les critiques qui ont survécu jusqu'à ces dernières lignes diront d'une seule et même voix que tout ce que l'on a pu lire ici est totalement hors de propos avec notre temps. Les riches, y compris ceux qui parlent pour eux et ceux qui sont leurs alliés en politique, sont solidement installés aux commandes. Ils sont ce que l'on appelle la réalité politique et ils le seront encore dans les temps à venir.

Cette situation est-elle inéluctable ? Pas forcément. Le jour où pourra se réaliser une coalition de tous ceux qui sont concernés par les thèmes que nous venons de décrire, de tous ceux qui veulent exprimer concrètement leur compassion et de ceux qui sont pour l'instant tenus en dehors du système politique, alors ce jour-là, la bonne société sera devenue bien plus qu'une belle perspective pleine de promesses : une réalité. Les riches voudront rester riches, les gens aisés voudront rester aisés ; mais désormais les pauvres feront partie du système politique. Leurs objectifs pourront être entendus. Comme d'ailleurs tous les objectifs spécifiques à une bonne société. Les candidats aux fonctions officielles écouteront. Les électeurs se déplaceront et leurs votes pèseront de tout leur poids. Mais aujourd'hui, que ce soit dans les domaines de la protection sociale, des soins médicaux, de la défense de l'environnement et plus particulièrement dans celui du pouvoir militaire, la bonne société échoue, là où la démocratie échoue. L'avènement d'une véritable démocratie conduira au succès de la bonne société, succès qui revêtira même alors un aspect d'inévitable.

Table

Du même auteur

La Crise économique de 1929
Payot, 1961

L'Ère de l'opulence
Calmann-Lévy, 1961

Les Conditions actuelles du développement économique
Denoël, 1962

L'Heure des libéraux
Calmann-Lévy, 1963

Le Capitalisme américain
Éditions Génin, 1966

Le Nouvel État industriel
Gallimard, 1968

Le Triomphe
Gallimard, 1969

Le Journal d'un ambassadeur
Denoël, 1970

Fraternité, finances et fantaisie
Denoël, 1971

Sur les sentiers de mon enfance
Denoël, 1973

Voyage en Chine
Denoël, 1973

La Science économique et l'Intérêt général
Gallimard, 1974

L'Argent
Gallimard, 1977

Le Temps des incertitudes
Gallimard, 1978

Anatomie du pouvoir
Seuil, 1985

L'Économie en perspective
Une histoire critique
Seuil, 1989

Brève Histoire de l'euphorie financière
Seuil, 1992

La République des satisfaits
Seuil, 1993

Voyage dans le temps économique
Témoignage de première main
Seuil, 1995

EN COLLABORATION AVEC NICOLE SALINGER

Tout savoir, ou presque, sur l'économie
Seuil, 1978

Théorie de la pauvreté de masse
Gallimard, 1980

Chroniques d'un libéral impénitent
Gallimard, 1982

Une vie dans son siècle
Gallimard, 1983

La Voix des pauvres
Gallimard, 1974

RÉALISATION : PAO ÉDITIONS DU SEUIL
IMPRESSION : **BUSSIÈRE CAMEDAN IMPRIMERIES** À ST-AMAND-MONTROND
DÉPÔT LÉGAL : MARS 1997. N° 29139 (1/779)